이야기 **부산대첩**

이야기 **부산대첩**

김종대 지음

釜山大捷

가디언

'이야기 부산대첩'을
쓰는 이유

한산대첩이나 옥포대첩, 명량대첩에 비해 부산대첩이란 말이 다소 생소하게 들릴지 모른다. 그것은 부산대첩이 누군가에 의해 최근에 만들어졌기 때문이 아니라 우리가 이를 최근에야 찾아내 알게 된 지가 얼마 되지 않기 때문이다.

부산대첩이란 말의 기원은 대첩의 주인공인 이순신 스스로가 한 말에서 연유되었고 최근에는 부산시의회에서 제정한 「부산대첩 기념사업 지원 조례」에서 공문화됨으로써 부산대첩은 공적으로 확인되었다.

부산대첩은 조선 수군이 거둔 임진년 4대 승첩 중 마지막 승첩으로서 조선의 제해권 장악을 확정 지은 전투다. 이로써 조선은 왜적의 수륙병진 전략을 파탄시켜 결국 임진 7년 전쟁을 승리로 이끈 것이니 부산대첩이 없었다면 오늘날 이 나라가 없었다고 해도 과언이 아니다. 그러므로 부산대첩은 우리 국민들 누구에게나 잘 알려져서 이를 기리고 노래해야 할 것인데도 유감스럽게도 우리는 이 거룩한 역사를 부산 북항 바다에 묻어 두고 있다가 최근에 와서야 수면 위로 건져 올리게 된 것이다.

　　뜻있는 부산 시민들에 의해 2018년 (사)부산대첩기념사업회가 조직되어 열심히 부산대첩을 홍보하고 있으나 6년이 지나도록 괄목할 만한 성과를 이루지 못하고 있다. 45년 전(1980년)에 부산시가 이 「부산대첩의 날」을 「부산시민의 날」로 정했고 2023년에는 부산 북항의 중심 대로를 「이순신대로」라 명명하고 다음 해 1월 개통까지 했지만 아직도 국민들은커녕 대다수의 부산시민들조차 이 자랑스러운 부산대첩의 역사를 묻어 두고 있다. 이것은 부산대첩의 위대성에 문제가 있는 것이 아니고 이를 알리는 사람들의 지혜가 부족함에 있다.

열정만 가지고 막무가내로 나아갈 것이 아니라 학계는 물론 문인과 예술가의 도움이 있어야만 부산대첩이 널리 퍼져 나갈 수 있음을 깨닫고 그 소재를 마련해야 할 필요성을 절감하여 『이야기 부산대첩』을 쓰게 되었다.

이 이야기는 부산대첩의 역사적 사실에 조금의 상상을 덧붙여 이야기로 만든 것이다. 문학가가 아니어서 향기로운 작품을 쓸 능력은 없으나 역사를 왜곡해서는 안 된다는 믿음만은 뚜렷했고, 이순신이 쓴 장계와 진중일기를 주된 소재로 했을 뿐 소설처럼 이야기를 지어내지 않았다. 『이야기 부산대첩』 속에는 이순신의 사랑이 있고 정성이 있으며 정의와 자력의 정신이 살아 꿈틀거린다.

이 이야기를 바탕으로 하여 희곡과 시나리오가 쓰여져 연극과 영화가 만들어지고, 장대한 승리의 역사가 가곡과 오페라로 노래되며, 동화로 어린이들과 만나고, 소설로 세상에 널리 퍼져나가고, 통쾌한 승리가 그림으로 그려지고, 시로 낭송되고, 드라마로 방영되어 부산대첩의 역사가 이 세상에 널리 퍼져 나갔으면 하는 바람이다.

이 이야기가 이런 일들을 감당하기에 충분치 않겠지만 이순신을 좋아하고 이웃과 나라를 사랑하는 많은 동지들의 힘과 뜻이 모아진다면 자랑스러운 부산대첩의 역사는 부산을 넘어 나라로, 나라를 넘어 세계로 자랑스럽게 퍼져 나갈 것이다.

| 8월 24일 | 9월 29일] 맑음.

객사에서 정영공(조방장 정걸)을 만나고 동헌에서 아침밥을 같이했다. 곧장 자리를 침벽정(侵碧亭)으로 옮겨 부산포로 가서 적을 칠 일을 의논하는데 우수사가 와 셋이서 점심을 함께하며 뜻을 같이했다. 오후 4시쯤에 배를 띄워 노를 재촉해 노량에 이르러 바다 가운데 닻을 내렸다. 다시 자정에 달빛을 타고 행선하여 사천 모자랑포(경상남도 사천시 용현면 주문리)에 이르니 동이 트는데 새벽 안개가 사방에 잔뜩 끼어 지척을 분간키 어려웠다.

| 8월 25일 | 9월 30일] 맑음.

오전 8시쯤에 안개가 걷히고 삼천포 앞바다에 이르니 평산포만호가 와서 공장(公狀, 공식적으로 만날 때 내는 편지)을 바쳤다. 거의 당포에 다다랐을 때 경상우수사와 만나 배를 매어 놓고 적을 칠 일을 의논했다. 오후 4시쯤에 당포에 도착했고 거기서 밤을 지냈다. 한밤중에 잠시 비가 내렸다.

| 8월 26일 | [10월 1일] 맑음.

견내량에 이르러 배를 세우고 우수사와 더불어 적을 칠 일을 의논했다. 순천부사 권준도 왔다. 저녁에 배들을 옮겨 각호사(角乎寺, 거제시 사등면 오량리에 있는 신광사) 앞바다에서 밤을 지냈다.

▌8월 27일 [10월 2일] 맑음.

　　영남우수사와 함께 의논하고, 배를 옮겨 거제 칠천도에 이르자 웅천현감 이종인(李宗仁)이 와서 이야기했다. 들으니, 왜적의 머리를 35급이나 베었다고 한다. 저물녘에 제포(창원시 진해구 웅천2동)의 서쪽 원포(창원시 진해구 원포동)로 건너가니 밤이 벌써 10시나 되었다. 배 위에서 잤다. 서풍마저 차게 부니 나그네 마음이 산란한 데다 이날 밤에는 꿈자리조차 심히 사나웠다.

▌8월 28일 [10월 3일] 맑음.

　　새벽에 앉아 지난 밤의 꿈을 다시 생각해 보았다. 처음에는 흉몽(凶夢)같이 생각되었지만 다시 바꾸어 생각해 보니 길몽(吉夢)이라 생각되었다. 가덕에 도착했다.

　역자 덧붙이는 말　적의 본진이 있는 부산을 공격하는 것은 꼭 이겼으면 좋겠지만 그러나 너무 벅찬 전투였다. 그 끝에 그는 27일 악몽(시신을 보고 상여 나가는 꿈이었을 것이다)을 꾸었다. 그러나 마음을 바꾸어 부정적 의식에서 벗어나고자 했다. 그래서 그는 이날 일기에서 보듯 흉몽을 길몽으로 여기며 애써 마음을 돌려 부산포해전을 대승첩으로 끝낸다.

| 차례 |

1부
결 심

2부
준 비

3부
출 전

1부 결심

한산대첩 후의 고민

동헌 안 수사의 책상 앞에는 그와 3년 전부터 함께한 연일석 벼루와 족제비 털(황모)로 만든 붓이 놓여 있었다. 3년 전 정읍현감으로 부임할 때 어머니가 특별히 마련해 준 붓과 벼루다. 이순신은 중요한 글을 쓸 때는 언제나 이 붓과 벼루를 이용해 어머니를 모시듯 한지에 한 자 한 자 또박또박 글을 써 문서를 만들었다.

그는 견내량에서 큰 승첩을 거두고 돌아와 닷새 만에 임금께 승첩 보고서를 작성해야 했다. 제목을 〈견내량파왜병장〉으로 쓰고 왜적을 무찌른 상황을 일자별로 자세히 썼다. 이어 전투 후 사후 처리 사항까지 다 기록한 뒤 〈삼가 갖추어 아룁니다. 신 이(李)〉로 글을 맺고 붓을 정리해 제자리에 놓았다.

6월 13일 여수 좌수영을 출발해 옥포, 합포, 적진포에서 싸웠고 잠시 귀환해 준비했다가 7월 8일 다시 출진해 사천, 당포, 당항포, 율포에서 싸웠다. 모두가 힘겨운 전투였다. 특히 사천해전에서는 격전 중에 좌측 어깨에 두 치 깊이로 총탄이 뚫고 지나가는 부상을 입어 활을 잡을 수가 없었으나 적을 유인해 박살내었고, 부상후 이튿날은 당항포에서 죽을힘을 다해 싸워 적장을 죽이고 연거푸 승첩을 거둔 것은 지금 생각해도 꿈만 같았다.

그러나 그들 전투에 비하면 이번 견내량 전투는 훨씬 더 신나고 화려한 승전이었다. 그를 잡기 위해 3인의 적장(와키사카, 가토, 구키)이 힘을 합쳐 여수로 몰려온다는 첩보를 받았다. 그는 그냥 앉아서 적을 맞을 수가 없었다. 나가서 치기로 마음먹고 전라우수군을 불러 함께 적을 맞아 싸우러 부산 쪽으로 행선해 나갔던 것이다. 견내량에 있는 와키사카의 선봉 대군을 한산 바다로 유인해 학인진으로 섬멸했고, 이틀 후에는 와키사카를 뒤따라오던 가토와 구키의 수군을 안골포에서 쓸어 버렸다. 목을 벤 적군의 머릿수가 250급이라 하나 9,000명에 가까운 왜적을 죽였다. 72척의 중대형 적선 중 59척을 깨거나 불태웠다. 적으로 하여금 다시 싸울 마음이 나지 않을 만큼 두들겨 부숴 버렸으니 이보다 더 화려하고 빛나는 전투를 어찌 다시 해 보겠는가.

그런데 붓을 놓고 견내량승첩(사람들은 훗날 이를 한산대첩이라 불렀다)을 회상하는 그의 얼굴은 마냥 즐겁지만은 않았다. 아직도 적의 주력 부대는 부산에 본진을 형성해 그 힘이 줄어들지 않고 있는데 조정에서는 낙동강 쪽으로 내려오는 적을 속히 가서 무찌르라고 다그치고 있었기 때문이다. 그러나 부산의 왜적 본진을 격파하는 것은 수군의 힘만으로는 할 수 없는 일이다. 바다와 육지로 함께 진격하여야만 격파할 수 있지 아니한가. 그런데 당시 왕과 조정에서는 육군과 수군을 효율적으로 지휘할 능력이 없었다. 피란길에 오른 왕과 신료들은 그들의 안전이 문제일 뿐 국토와 백성을 지키는 일은 안중에도 없었다. 육군 또한 자력이 없었다. 20일 만에 한양을 내준 육군이 어떻게 힘을 모아 수군과 합력해 적을 공격할 수 있겠는가. 경상도 순찰사 김수가 합공하자는 말은 하나 그 또한 의사가 확고치 못한 데다 능력도 없지 아니한가. 생각이 여기에 미치자 그는 눈을 감고 상념에 잠긴다. 어떻게 하면 좋을지, 언제 출진해야 할 것인지, 이 기회를 이용해 아예 이 전쟁을 끝낼 수는 없을지 등을 생각하며 책상에 팔을 괸 채로 상념에 잠긴 것이다. 그때 큰아들 회가 들어왔다.

"아버님 안색이 어두우시니 무슨 걱정이 있으신지요?"

"방금 낙동강 쪽으로 내려오는 적을 치라는 명령이 또 왔다. 어떻게 쳐야 할지 생각 중이다."

"견내량에서 대첩을 거둔 지 며칠 되었다고 벌써 다음을 생각하십니까? 지금 몸도 불편하시고 활도 당기지 못하시지 않습니까? 그리고 적도 이젠 바다 쪽으로 함부로 나오지 못할 것이니 이번 겨울은 좀 편히 지내시면서 총상을 치료하고 몸을 추스르며 전선도 좀 더 만든 연후에 나가시지요?"

"너의 말이 고맙긴 하나 장수가 어찌 사직과 백성을 앞에 놓고 자기 몸을 생각할 수 있겠느냐. 지금 임금은 파천하고 백성들은 갈 곳을 잃고 헤매지 않느냐. 지금 우리가 아홉 번이나 싸워 연전연승해 적의 기세가 많이 꺾였다. 이때 낙동강을 거쳐 적의 본진이 있는 부산을 되찾는다면 전쟁을 끝낼 수도 있지 않겠느냐? 내 힘을 생각하면 네 말처럼 다음을 기약해야 할 듯하나 나라를 생각하면 그냥 있을 수가 없다. 그래서 내가 지금 이 생각 저 생각을 하고 있느니라."

순간 그의 머릿속엔 피란길에 오른 임금의 모습이 떠올랐다. 6월 9일 새벽 한양을 탈출한 임금은 이때 개성을 거쳐 평양에 가 있었다. 여차하면 의주로 가 압록강을 넘어 명으로 귀부하려 했다. 백성은 뒷전이요, 오직 자기 일신의 안전만을 지키려 했기 때문이다.

정읍현감으로 있다가 전쟁 나기 1년 2개월 전에 전라좌수사가 되어 여수에 부임한 그는 전쟁에 대비해 좌수영을 요새화하느라 종고산에는 봉화대를 설치하고 성곽 주위로 해자도 팠으며 좌수영 앞바다에는 철쇄도 설치했다. 거북선도 만들고 철저한 정신교육으로 전라좌수군을 강군으로 변모시켰으며, 기타 모든 준비를 했기에 그래도 아직 바다만은 적에게 내주지 않고 굳게 지킬 수 있었다.

　이어 피란 가는 백성들의 모습이 떠올랐다. 그는 벌써 아홉 번의 전투를 치르며 연승을 거듭했지만 아직도 피란의 고통으로 신음하고 죽어가는 민초들의 삶을 뼈저린 아픔으로 지켜보아야 했다.

　'그들이 무슨 죄가 있어 저 고통을 당한단 말인가. 한 나라의 장수된 자로서 저들을 지켜주지 못한다면 내 어찌 장수라 할 수 있겠는가.'

　참을 수 없는 분노가 다시금 그를 휘감아 왔다. 그러나 어쩌랴. 분노만 한다면 저 백성들을 누가 살려낸단 말인가. 그는 한시바삐 전쟁을 끝내야겠다는 생각뿐이었다. 이날 아들에게 한 말은 그가 항시 고민하는 내용 그대로였다.

정운을 부르다

그로부터 닷새가 지난 아침 나절이다. 그는 우후(우후는 수사의 행정 참모로서 참모들 중에 가장 앞 서열인 장수다) 이몽구를 불러 녹도만호 정운을 찾았다. 정운은 1543년 전라도 해남에서 태어나 28세에 무과에 합격했고 이순신이 전라좌수사로 부임하는 그해 전라좌수영 관할의 녹도만호가 되었다. 정운은 이순신보다 두 살 위였지만 이순신을 존경하고 그의 심정을 가장 잘 이해해 준 이순신의 핵심 장수 중 한 사람이다.

정운은 녹도에서 하루 만에 좌수영 본영에 도착해 동헌으로 그를 찾아왔다. 이순신은 정운이 자리에 앉자마자 단도직입적으로 정운에게 물었다.

"정 장군! 앞으로 어떻게 해야 좋겠소?"

그가 정운을 불러 미래를 물은 이유는 정운이 일을 과단성 있게 처리하는 것을 높이 사고 있었기 때문인데, 그것은 지난 6월 첫 전투에 나갈 때 이순신은 전라우수군과 함께 출진하기로 약속한 터라 전라우수사 이억기를 기다리느라 하루, 이틀 출전을 연기하고 있었다. 이때 정운이 이억기를 더 이상 기다리지 말고 즉시 출진하자고 과단성 있는 주장을 했고, 그는 정운의 이 주장을 옳다 하여 받아들인 것을 말한다.

정운이 그를 본 순간 정운은 이순신의 얼굴에서 이미 다음 전투에 대한 결심이 서 있음을 직감했다. 이미 그의 결심을 안 이상 더 망설일 필요가 없었다. 정운은 단호하게 말했다.

"이제 부산으로 갑시다."

정운의 한마디에, 그의 얼굴에는 희미한 웃음이 퍼졌다. 그는 물었다.

"가능한 일인가요?"

그는 두 살 위인 정운에게 언제나 경어를 써 말했다. 정운은 답했다.

"이제 본진을 깨버리고 전쟁을 끝내야 합니다. 부산 본진으로

가 싸워 이기기는 쉽지 않습니다. 그러나 수사께서는 본시 이기고 지는 일을 미리 생각하지 않았지 않습니까? 우리가 두 달 전 처음 출전할 때도 이길 수 있어서 출전한 것은 아니지 않았습니까?"

정운은 진작 그의 이 마음을 알았다. 그가 임진년 첫 전투에 나설 때 자신의 건의를 받아들여 이억기의 전라우수군을 기다리지 않고 오직 대의명분에 따라 전라좌수군 홀로 출전했던 일이 있었기 때문이다.

그뿐만 아니라 정운은 이순신이 왕에게 쓴 첫 출전시의 장계문을 잘 알고 있었다. 이순신은 그 글에서 "원컨대 한번 죽음으로써 기약하고 즉시 범의 소굴을 바로 두들겨 요망한 기운을 쓸어버리고 나라의 부끄러움을 만 분의 일이나마 씻으려 하옵거니와, 성공과 실패, 잘되고 못되는 것은 신이 미리 헤아릴 바가 아닙니다." 라 했고 당시 그 글은 출정하는 모든 장수들이 공유하고 있었던 터였다.

이순신을 잘 알고 있는 정운은 더 이상 말을 할 필요가 없었다. 지금 이순신이 틀림없이 부산 쪽으로의 출전을 결심하고 있다고 느꼈고, 자신도 거기에 전적으로 공감하고 있었기 때문이다. 더하여 자신의 진정을 분명히 밝힘으로써 그의 마음도 편케 해주고 싶었고 뿐만 아니라 그를 도와 자기 스스로도 이 기막힌 전쟁을 빨리 끝내고 싶었다.

"명령만 내리시면 녹도 병선을 이끌고 바로 오겠거니와 소장은 이번 부산 공격에 선봉이 되어 목숨을 걸겠습니다."

정운은 비감한 말을 던짐으로써 부산 출전을 다시 한번 촉구했다. 출전도 전에 먼저 죽음을 이야기하는 정운의 말에 불길한 예감이 느껴졌지만, 그는 정운에 대한 미덥고 고마운 마음으로 그 예감을 애써 눌렀다.

조방장 정걸

이순신은 정운을 떠나보내고 나서 부산포를 공격할 결심을 굳혔다. 정운이 돌아가자 그는 다시 생각에 잠겼다. 어떻게 준비하고 싸워야 적의 본진을 깨고 적을 이 땅에서 쫓아낼 수 있을까?

지금까지 싸운 것과는 비교조차 할 수 없는 큰 싸움이 될 것이 분명했기 때문이다. 우선 적은 우리의 5배가 넘는 500여 척의 배로 우암에서 부산진성 쪽으로 10여 리에 걸쳐 줄지어 정박하고 있다.

그 배들은 안전한 곳에 정박해 있으면서 전투에 유리한 고지를 선점하고 있다. 이때까지는 200리 길을 하루 이틀 항해해 전투를 치렀지만 부산으로 가자면 400리가 넘는다. 7,000여 병력이 4~5일 항해해야 목적지에 도달할 수 있는데, 그 많은 병력이 열흘 이상 먹을 수 있는 군량미는 어떻게 싣고 땔감은 얼마나 많이 준비해 가야 하나? 4~5일 항해하느라 지친 군사가 본진에서 기다리는 적의 대군을 쳐 과연 이길 수 있을까?

이때 그는 만나서 의논하고 싶은 또 한 사람의 장수가 떠올랐다. 바로 조방장 정걸! 정걸은 1514년 전남 홍양(고흥)에서 태어났고 이순신이 태어나기 1년 전(1544년)에 벌써 무과에 급제했다. 10년 이상 육군에서 여진족을 쳐냈고, 20년 이상 수군(1577년 전라좌수사를 역임했다)에서 왜적을 상대로 수차례 전투를 치른 백전 노장이다. 맹선을 폐하고 지금의 판옥선도 그의 손에서 태어났다.

그가 여수로 부임하기 전까지 정걸은 현직(전라수사)에서 물러나 고향인 홍양에서 쉬고 있었다. 그러나 정걸은 자기보다 30살이나 어린 이순신을 잘 알고 있었다. 건원보권관으로 있으면서 여진족 추장을 사로잡은 이야기에서부터 발포만호로 있으면서 올곧게 처신한 모든 일을 잘 알고 있었다. 그런 그가 전라좌수사로 기용되자 기꺼이 그를 돕고 싶었다. 그래서 그의 청을 그대로 받아들여 이순신이 부임한 때로부터 지금까지 그의 조방장이 되어 돕고 있던 것이다. 거북선도 정걸의 도움이 없었다면 애초 시도조차 못했을지 모를 만큼 정걸의 지혜는 그에게 큰 도움이 되었다. 이번에 정걸을 부른 것도 백전노장 정걸의 도움을 받아야만 부산의 왜적을 뿌리 뽑을 방안을 얻을 수 있을 것이라 생각했기 때문이다.

그는 다음 날 정걸을 조찬에 초대했다. 잠시 견내량승첩에 대한 서로의 덕담이 오고 갔다. 그런데 이순신의 바람을 이미 알고나 있은 듯 부산으로 가는 일은 정걸의 입에서 먼저 나왔다.

"수사 영감, 한산 바다에서 잡은 승기를 이용해 부산으로 가는 것은 어떻겠소. 부산만 폭파하면 적은 의지처가 없어 자기들 나라로 돌아갈 수밖에 없지 않소. 나는 한산승첩에서 높아진 사기를 활용해 지금이 부산 본진을 격파할 적기라고 생각하오."

좀체 웃지 않는 그였지만 정걸의 말을 들은 그의 입가에는 미소가 번져 나왔다.

"조방장 어른! 사실 나도 그 문제를 의논하려고 오늘 이리 아침에 모셨습니다. 놀랍게도 조방장의 뜻이 나와 꼭 같으니 만 가지 근심이 사라지는 것 같습니다. 부디 좋은 계책을 알려 주십시오."

"허허, 수사의 얼굴을 보니 이미 결심이 섰고 모든 준비도 다 된 듯한데 소장이 달리 진언할 거야 따로 뭐가 있겠소."

"준비한다고는 하지만 아직 완전치 못합니다. 부디 한 말씀 들려 주시지요."

"자고로 적의 본진을 격파한다는 것은 싸움을 끝내고자 하는 것이 아닙니까? 그런데 지금 대세를 살펴보면 우리 육군은 무력화되었고, 명나라에서는 아직 구원군이 오지 않아 우리 수군의 힘만으로 전쟁을 끝낼 수는 없다고 봅니다. 그러나 이번 적의 부산 본진 격파에 성공하면 조선의 바다만은 확고히 장악하게 되니 수륙 병진을 꿈꾸는 적을 절름발이로 만들 수는 있고, 그렇게만 되면 나라를 반쯤은 구한 셈이지요."

"저도 그렇게 생각하고 있습니다. 중과부적의 싸움이라 특별 기동 훈련을 하기 위해 여수 앞바다로 우수군을 부를까 합니다. 스무 날 정도 합동훈련을 끝내고 나서 함께 출진하려 합니다."

"철저한 정보 수집 그리고 완벽한 사전 훈련과 연습은 우리 수사를 따라갈 사람이 없습니다. 소장은 이 싸움이 아무리 힘이 든다 해도 우리 수사가 이끄시는 한 우리가 이긴다고 확신합니다."

이순신은 부산 쪽 적의 정보에 관해서는 그가 심어둔 정보원인 허내은만으로부터 이미 완벽히 파악하고 있었다. 우암 해변에서 부산진성 앞바다까지 다섯 군데로 나누어 정박하고 있는 적 진지의 위치와 거기 정박한 적선의 수, 주둔 병력, 지휘 장수까지 그의 정보원이 죄다 그에게 일러바치고 있었기 때문이다. 그는 한산승첩 이후 남모르게 부산포 공격을 위한 준비를 해왔다. 군비 확충에 힘을 쏟은 결과 개전 당시보다 전함 수를 20여 척이나 늘렸고 한 달 만에 군량미와 총통 화기도 다시 충분히 확보했다. 또 구국의 뜻을 펼치지 못한 채 각 지역에 퍼져 있던 수많은 장정도 불러 모았는바 이순신의 불패신화는 쉽게 장정들을 불러 모을 수 있었다.

정걸은 이순신으로부터 이같은 '완벽한 준비를 해 온 장수'에게서 나오는 강한 자신감을 그의 오랜 경험에 의해 느끼고 있었다. 정걸은 문을 나서자마자 뒤돌아보곤 아직도 그가 겉옷 안에 붕대로 왼쪽 어깨를 감싸고 있는 흔적을 보고는 그에게 물었다.

"일전에 입은 총상이 다 낫지 않은 것 같은데 출진에 지장은 없겠소?"

그는 웃으며 답했다.

"아직도 고름이 그치지 않고 나오네요. 활을 당길 수는 없습니다만 수군을 지휘함에는 큰 지장이 없을 것 같습니다."

정걸이 돌아가자 그는 동헌에 나가 앉아 전라우수사 이억기에게 편지를 써 보냈다.

2부 준비

전라좌·우수군을
한곳에 모으고

1592년 9월 6일 좌수영 앞바다에 전라좌·우수군이 집결했다. 참전할 판옥전선 74척과 협선 92척도 모였다. 진해루 옆 광장에는 전라좌·우수군 장수 80여 명이 정렬해 섰다.

그가 앞에 서고 이억기가 뒤따라 나왔다. 이억기는 그에게 가볍게 목례를 올리고 한 발 뒤로 돌아서서 여러 장수들 앞에 섰다. 이억기는 그보다 16살이나 아래였을 뿐 아니라 이때까지 수차례 전투를 치르면서 본 그의 용병법을 깊이 존경하고 있었다. 같은 수사라 하나 그를 항상 받들며 싸웠고, 싸우면 이겼으니 주장의 자리를 항상 그에게 돌리지 않을 수 없었다. 이억기가 한 발 물러선 뜻은 그에게 출정의 연설을 부탁하는 의미였다.

장대에 올라선 그는 조용하나 힘 있는 목소리로 입을 열었다.

"섬 오랑캐가 이 땅을 침략한 지 넉 달이 다 되도록 아직도 적을 물리치지 못하고 있다. 임금은 몽진 길에 올랐고 백성들은 살 곳을 잃었으며 사직은 누란의 위기에 빠졌다. 다행히 하늘의 특별한 도움이 있어 우리 수군이 아직 바다를 뺏기지 않아 적이 제 맘대로 달릴 수가 없다. 지난날 우리는 옥포, 사천, 당포, 당항포, 견내량에서 왜적을 크게 무찔렀다. 하지만 아직도 적들은 물러갈 기미가 없다. 부산을 본진으로 삼아 상시 500여 척을 정박시켜 두고 있고, 부산성 내에는 우리 관청들을 다 허물고 거기에 100여 호나 되는 저들의 건물을 세웠으며 성 밖으로는 동서 양쪽의 산기슭에 300여 호나 되는 여염집을 즐비하게 지어 마치 자기 나라 땅인 양 못된 짓을 계속하고 있다.

이제 우리 수군이 부산의 본진을 깨지 않고서는 나라의 욕됨을 끊을 수가 없다.

그러나 본진을 치는 일이 얼마나 어려운 일인 줄은 싸워 본 여러 장수들이 다들 잘 알 것이다. 적은 군사로 많은 적을 치고, 먼 길을 달려가 안전한 곳에서 진을 치고 있는 적을 이기자면 사전에 특별한 준비를 하지 않을 수 없다. 그래서 오늘 전라좌·우수군이 이곳에 모여 먼 원정길의 준비를 하고자 한다. 오늘부터 바로 장사진을 치는 법과 장기간 운행에 따른 힘든 기동 훈련을 할 것이다.

그러나 두려워하지 마라. 우리 전라수군은 아직 한 번도 적에게 패한 일이 없다. 적은 이제 우리 전라수군의 말만 들어도 도망가기 바쁘고 여러 장수의 용맹은 이미 적을 두렵게 하고 있다. 그러니 우리 군의 사기는 지금 하늘을 뚫고 있다. 이때를 이용해 나라를 구하지 않고 어느 때를 기다리겠는가. 여기 장수들이 각 배로 돌아가면 나의 이 뜻을 잘 전하라! 우리 전라수군이 하나가 되어 죽을힘을 다해 적의 본진을 격파하고 기어이 나라를 지켜내리라고 다짐하라!

　출항 날짜는 계획된 훈련이 끝나는 다음 날이 될 것이고, 나는 9월 29일(음 8월 24일)에는 출진할 수 있으리라 믿는다. 여기 모인 장수들은 다시 한번 맹세하라. 적의 본진을 격파하여 적을 쓸어버리고 나라의 원수를 기필코 갚고야 말리라!"

훈련의 현장

훈련의 강도는 상상 이상이었다. 훈련에 흘린 땀이 많을수록 전쟁에서 안전할 수 있다는 병법을 전라좌수군은 익히 알고 있었다. 그뿐만 아니라 전라수군은 모두가 이순신에 대해 깊은 신뢰를 보내고 있었다. 그는 결코 자신의 영예를 위해 부하들을 사지로 몰아넣거나 공을 뺏지 않는다는 것을 전라수군들은 수많은 전투에서 체험했기 때문이다.

일찍이 사천해전에 앞서 그는 부하 장수들에게 이렇게 말한 적이 있다.

"공로만 바라보고 이익을 탐내어 죽은 적의 머리를 먼저 베려고 경쟁하다가는 도리어 우리가 해를 입거나 죽고 다칠 수 있다. 적의 머리 하나를 베느라 더 많은 적을 쏠 수가 없다. 나는 적을 죽이기만 하면 비록 목을 베지 못하더라도 힘써 싸운 자를 제일의 공로자로 정하겠다. 너희들의 용전 여부는 내가 직접 보고 있지 않는가!"

그때 그는 이 말을 지켰다. 그는 전투가 끝나자 약속한 대로 적의 머리는 베지 못하였더라도 죽기로써 힘써 싸워 많은 적을 죽인 자를 정확히 눈여겨보고 나서 그들을 1등급으로 기록해 미리 공로를 매긴 다음 이를 그대로 왕에게 품신했고 왕은 그대로 수용했기 때문에 전라수군은 그가 싸운 장병들의 공로를 어떻게 공정히 평가하는지 잘 알고 있었고 그런 그를 믿었다.

그러니 전라수군은 비록 힘이 들더라도 그가 요구하는 각종 훈련을 잘 수행해 냈다. 망 보고 이동하는 법, 장사진 치고 움직이는 법, 장거리서 포격하는 법, 장거리 이동에 따른 격군의 교대하는 법 등 지휘부에서 요구하는 모든 사항을 완벽히 소화했다.

군졸들은 훈련을 하면서 긴장되는 마음을 서로 나누었다.

"부산에서 하는 싸움이 큰 싸움이긴 큰 싸움인가 봐, 이때까지 우리 수사가 적이 있다 하면 바로 적을 찾아 나가 싸웠지 이렇게 미리 준비하고 나가 싸운 적이 있나?"

"그러게 말이야. 부산에는 500척이 넘는 배가 바다를 가득 메우고 있고 1만도 넘는 놈들이 소굴을 파고 그 속에 쥐새끼처럼 들어가 있다는데 어떻게 그 놈들을 죽이지?"

"아따, 우리가 언제 걱정해 봤나. 수사 영감이 다 알아서 할 것이니까 수사 영감께 죄다 매끼면 되지. 우리가 군에 들어와 수사 영감 따라 열 번 가까이 싸웠지만 적이 열 놈 죽으면 우리는 하나 죽을까 말까 했고, 적선이 열 척 깨지면 우리는 한 척 깨질까 말까 했지 않나. 그리고 싸우고 나면 공로는 다 적어 올려 주제, 노획한 물건은 다 나눠 주제, 혹 잘못되어 죽게 되면 예를 다해 제사 지내 줄 것이고 부상당하면 치료해 줄 것인디 뒷 생각할 것이 뭐 있어? 그냥 수사 시키는 대로 하면 되여."

"그래도 좌·우수군이 미리 근 한 달 연습한 후에 출전한다 하니 큰 싸움이라 긴장은 되네."

"그러니 수사 영감께 다 매끼고 시키는 대로만 하면 다 잘 될 것이네."

"그럼! 적이 천 척이고 만 척이고 간에 우리 전라수군 앞에는 종이배 아닌가. 하하"

모든 훈련을 성공적으로 마친 전라좌·우수군은 23일간 기동훈련을 마친 9월 28일(음 8월 23일) 밤 신나는 저녁을 먹었다. 소 5마리를 잡아 배불리 소고기 국을 먹으며 7천 병사는 함성을 울리며 내일의 승리를 다짐했다.

"부산으로 가 원수를 몰아내자."

마지막 점검

어제까지 훈련을 끝냈고 드디어 오늘(9월 29일) 출진의 날이 왔다. 그는 객사로 정걸 조방장을 찾아갔다. 이미 모든 준비를 함께 진행시켜 온 터라 둘 사이에 더 할 말은 없었다. 다만, 먼 길을 떠남에 앞서 객사 옆 국신당(國神堂) 앞에서 둘은 재배하며 함께 맹세를 했다.

"적의 본진을 치러 부산으로 갑니다. 국신이시여! 저희들이 힘은 비록 부족하나, 나라에 대한 사랑과 백성들을 지켜내기 위한 정성은 지극합니다. 저희들의 이 사랑과 정성을 굽어 살피시어 남의 나라를 침략한 탐욕에 찬 저 요망한 기운을 쓸어버리게 해주십시오. 이번에 부산 본진만 폭파한다면 저 무도한 왜적은 물러가지 않을 수 없습니다. 부디 저희들에게 위력을 베푸시어 사직을 지키고 백성을 수호케 해주십시오. 침략 본거지를 잃고 패퇴해 도망가는 적을 볼 수만 있다면 저희들은 기꺼이 역사의 제단에 목숨을 바치겠습니다."

빌기를 마친 둘은 동헌으로 내려와 아침 식사를 같이했다. 식사 후 우수사 이억기를 오게 해 셋이서 침벽정으로 자리를 옮겨 점심 때까지 전체적 행군 작전을 하나하나 되짚어가며 다시 한번 점검했다. 세 장수의 얼굴에는 결연한 빛이 역력했다. 23일 간의 훈련 동안 서로 어긋나는 일은 없었다. 정걸은 잘 도왔고 이억기는 잘 따랐다.

그래도 미지의 전투를 치러야 하는 두려움은 완전히 떨칠 수 없었다. 사실 훈련 중에도 조정에서는 하루빨리 부산 쪽으로 가 낙동강을 타고 도망가는 적을 섬멸하라는 명령을 내렸다. 적들은 한산해전 후 바닷길이 막혀 보급품을 제대로 받지 못하게 되었고 그래서 자기들 본국에 가까운 남해안 지역으로 남하하기 시작하자 조정에서는 적이 자기 나라로 도주하는 줄 착각하고 이 같은 명령을 내린 것이다.

그러나 적은 도주하려는 것이 아니었다. 일단 남쪽으로 내려와 거기서 교두보를 마련하고 겨울을 지내며 다음의 진격을 준비하기 위해서였다. 어쨌든 내려오는 적을 치자면 수군의 힘만으로는 불가했다. 육군에서 쳐서 몰아내고 바다에서 몰려나온 적을 쳐야 섬멸할 수 있는 것이다. 그래서 처음에는 경상도관찰사에게도 부산의 왜적을 경상도 육군과 함께 부쉬버리자는 요청을 했었다. 그러나 지금은 수군에게만 낙동강으로 도망가는 적을 쳐 달라고 했다. 육군이 무력했기 때문이기도 했지만 전라수군 외에 적과 싸워 이길 수 있는 부대가 조선 천지에는 없었기 때문이기도 했다.

사실 앞서 바다에서 치른 세 차례 전투에서 매번 싸워 이겼기 때문에 그는 마지막으로 적의 본진 공격에 나갈 수가 있었다. 만약 한 번이라도 패했다면 적으로부터 바다를 지킬 수 없었고 부산으로 가 본진을 격파할 꿈도 꾸지 못했을 것이다. 이번 부산포해전은 앞의 세 승첩에 이은 종결전이다. 지난 세 번의 전투를 나무를 키워 열매를 맺기까지의 과정에 비유하면 첫 번째 옥포승첩은 씨를 뿌린 것이고, 두 번째 당포, 당항포 승첩은 씨가 자라서 잎과 줄기가 무성해진 것이고, 세 번째 한산승첩은 찬란한 꽃을 피웠다고 할 수 있다.

이제 남은 것은 열매를 따는 것이다. 나고 자라 찬란히 꽃까지 피웠으나 마지막 열매를 얻지 못한다면 이때까지 목숨 바쳐 흘린 피가 헛되고 말 것이니 부산을 공격하려는 전라수군이 어찌 긴장하지 않을 수가 있겠는가. 잘하면 일이 완성되고 못하면 이때까지의 일이 모두 수포로 돌아가는 중차대한 시점에서 세 장수는 손을 모아 맹세하며 조선의 앞날에 행운이 오길 빌었다.

셋은 점심을 함께한 뒤 다시 동헌으로 돌아왔다.

순천부사 권준, 녹도만호 정운, 방답첨사 이순신(입부), 광양현감 어영담이 와 80명의 장수들이 진해루 연병장에 집결해 있다고 알렸다.

3부 출전

출전의 행렬

1592년 9월 29일 오후 4시.

전라 연합수군 7,000여 명은 70여 척의 배에 나누어 타고 좌수영 앞바다에 집결해 있었다. 대장선 장대에 선 이순신은 우렁차게 출전을 선언했고 급창군이 이를 전 함대에 전달했다.

"적의 부산포 본진을 폭파하여 원수를 몰아내고 전쟁을 끝내자!"

그의 호령에 이어 전군의 함성이 이어졌다.

"원수를 몰아내자, 전쟁을 끝내자......"

미리 떠난 좌우 측후장의 뒤를 이어 50여 척의 판옥전함이 두 줄로 5리를 이어 힘차게 진군해 나갔다. 이번에도 선봉장은 어영담이 맡았다. 어영담은 1532년생으로 이순신보다 13살이나 많았다. 32세에 무과에 급제했고 이순신이 전라좌수사로 부임하는 그해 3월, 광양현감이 되어 전라좌수군의 한 장수로서 임진전쟁에 참여했다.

　　그는 남해 바다의 물길에 관해서는 어느 누구보다 정통했기에 이순신으로부터 남다른 신뢰를 얻고 있었다. 그래서 이순신은 옥포해전 때부터 그를 항상 선봉으로 내세웠고 어영담은 매번 자신이 맡은 직책을 완벽히 완수해 냈다.

　　그러나 경상 바다로 깊이 들어가면 이순신은 어영담 옆에 경상수군의 이영남을 붙이고 둘이 함께 전체 선봉을 맡게 했다. 이영남은 경상 해안의 물길을 누구보다 잘 알고 있을 뿐 아니라, 그의 대장인 원균보다 오히려 더 이순신을 따르고 있었고 이순신 또한 그를 신뢰했다.

　　거북선은 두 척이 좌우에서 돌격해 적을 선제 타격하다가 장사진으로 바뀌면 각 반씩 나누어진 진형의 맨 앞에 서서 적의 총탄을 뚫고 진격하는데 이는 거북선 돌격장 이언량이 지휘했다.

　　정걸은 조방장으로 이순신과 함께 대장선을 타고 그의 곁에서 주장을 보좌했다. 정운은 이번 전투를 누구보다 원했던 만큼 우부장을 맡아 최전선에 섰고 그 밖에 전부장 입부 이순신, 좌부장 신호가 대장선의 앞과 옆을 맡기로 했다.

좌수군 장수들은 견내량승첩 때까지 아홉 번의 접전을 해온 터라 이순신의 임무 부여에 따라 신속하고도 일사분란하게 움직일 수 있는 기동력과 자신감을 갖고 있었다. 이렇게 진용을 정비한 전라수군은 두 편으로 나뉘어 거북선을 앞세워 부산을 향해 힘찬 행군을 시작했다.

노량 바다에서 잠시 닻을 내리고 저녁을 먹고 휴식했다. 자정 경에 다시 출발해 밤새 노를 저어 사천 모자랑포에 이르니 9월 30일(음 8월25일) 아침 해가 뜨려 했다. 새벽 안개가 사방에 잔뜩 끼어 지척을 분간하기 어려워 잠시 쉬었다가 오전 8시가 되어서야 안개가 좀 걷혀서 다시 행군해 나갔다.

당포에서
경상수군과 만나다

삼천포 앞바다를 거쳐 산양섬의 당포 가까이 가니 원균이 7척의 전함을 이끌고 다가왔다. 약속된 만남이었다. 그는 원균을 만날때마다 마음이 편치 않았다. 원균은 전쟁 초기 경상우수군의 판옥전함 36척 중 도망가는 데 필요한 3척만 남겨두고 모두 불태우거나가라앉히고 수군을 해산시킨 후 몇몇 군사만 데리고 노량 쪽으로피신하려 했다. 그러나 경상수군 중에도 못난 수사를 질책하는 의기 있는 장수가 둘 있었으니 이영남과 이운룡이다. 이들은 원균 수사에게 직언했다.

"수사 영감, 우리가 적을 만나 한 번 싸워본 후에 피신해도 피신의 명분이 설까 말까 한데, 어찌 적과 한 번 싸워도 보지 않고 지레 겁을 먹고 적에 놀라 도주하려 합니까? 훗날 그 책임을 어찌 면

할 수 있겠소!"

들고 보니 옳은 말이다.

"어찌하면 좋겠나?"라고 원균이 물었다.

이운룡이 말했다.

"우리는 수군을 없앴으니 이영남을 시켜 전라좌수사 이순신에게 도움을 청해야 할 것 같소"

원균은 부하의 말을 따르지 않을 수 없었다. 이영남은 원균의 지시를 받고 급히 이순신을 찾아와 구원을 요청했다.

이순신은 구원을 요청한 이영남에게 말했다.

"우리는 모두 관할구역이 있는데 임금의 명령 없이는 내가 좌수영 관할을 벗어날 수 없지 않는가. 임금의 명령이 오면 즉시 출동할 것이다."

이영남은 빈손으로 돌아갈 수밖에 없었다.

그 후 경상 바다로 나아가 적을 치라는 왕명을 받고서 이순신은 3차례에 걸쳐 경상 바다로 나아가 적을 치고 승첩을 거두는데, 그때마다 원균은 3~4척의 전함을 갖고 전라좌수군과 함께 싸웠지만 군사 없는 장수가 된 원균은 군을 지휘할 자격이 없었다. 이순신도 원균에게 지휘권을 줄 수 없었고, 다만 경상수군 중 물길을 잘 아는 이영남, 이운룡 정도만 직접 활용했다. 나머지 경상수군은 전투가 끝나면 적의 목을 베거나 적 선박을 불태우는 등의 일에만 기량을 뽐내고 있었다.

　　그래도 원균은 이순신보다 나이도 많고 군에서도 선배인데 싸울 때마다 공이 이순신에게만 돌아가자 자기의 허물은 생각하지 않고 그를 모함해 자기 출세를 도모했다. 사천해전에서도 전라좌수군이 죽인 적의 머리를 베어 자기의 공으로 보고했다. 싸울 때마다 그런 짓만 하니 이순신은 그를 괘씸하게 생각하고 점점 상종치 않으려 했다.

　　그러나 아무리 하는 짓이 마음에 들지 않아도 없는 것보다는 나았다. 이번 부산포 공격에도 그런 경상수군이 오늘 대소 7척의 배로 전라수군과 함께하기 위해 나타났으니 군사의 부족을 걱정해 온 그는 원균이 그래도 고마웠다. 공은 공이고 사는 사 아닌가. 대의를 위해 사사로운 감정을 제압하는 것은 원균을 볼 때마다 그가 다짐해 온 바였다.

　　당포에 도착한 그는 반갑게 원균을 맞아 대장선으로 오르게 하고 이억기도 오게 했다. 세 수사는 적 칠 일을 의논하며 밤을 지냈고, 특히 원균에게는 적에 관한 소소한 온갖 정보까지 자세히 캐물었다. 당포는 경상도로 나올 때마다 들르는 곳이었다. 여기에는 성도 있고 물도 있어 육지에서 잘 수도 있고 부족한 급수도 해결할 수 있는 곳이었기 때문이다.

당포에서 하룻밤을 지낼 때 밖에서 잠시 소나기가 뿌렸다.

대전을 앞둔 날의
흉몽과 길몽

다음 날 10월 1일(음 8월 26일)은 바람이 불고 비가 내려 아침 일찍 출항할 수가 없었다. 날이 저물어서야 전라좌·우수군과 경상 수군은 일제히 출항하여 거제의 자루치(자을우적)에 이르렀고 밤을 이용해 몰래 견내량을 건넜다.

한산승첩 이후 왜적은 가덕 서쪽으로는 아예 나올 생각을 못 했고 이순신과의 싸움을 극력 피하고 있었다. 더 많은 전선을 끌고 와 군세를 강화하기 전까지는 그에게 달려들어 봤자 죽음만 있다는 것을 저들 스스로 뼈저리게 느꼈기 때문이다. 덕분에 조선의 연합함대는 순조롭게 중간 중간에 전투를 벌이지 않고서도 부산을 향해 거침없이 나아가 견내량까지 갈 수 있었던 것이다.

견내량에 이르러 잠시 배를 세웠다. 견내량을 넘어가는 것은 적진으로 가는 첫걸음이라 그는 군대의 기운을 안정시켜주기 위해 필요한 장수들을 대장선으로 불렀다. 원균은 무슨 일이 있었는지 그가 탄 대장선으로 와 보지 않았다. 이억기와 순천부사 권준만 대장선에 왔다. 이번에는 셋이서 적 칠 일을 의논했다. 의논을 마치자 다시 출항하여 저녁에 거제 사등에 있는 각호사 앞바다에 이르렀고 이날 밤은 거기서 정박해 배 위에서 밤을 지냈다.

10월 2일(음 8월 27일) 아침에 그는 원균과 함께 적의 동태와 뱃길에 관해 의논했다. 원균은 "적은 이미 자취를 감췄다."고 하나 가벼이 믿을 수는 없는 일이다. 원균과의 의논은 건질 것이라곤 별로 없는 것이 보통이었지만 그래도 그는 경상 바다의 일은 원균과 의논함을 잊지 않았다. 원균과 의논을 마친 뒤 전군은 배를 계속 저어 거제 칠천도에 닿았다. 웅천현감 이종인이 그의 배로 급히 찾아왔기에 낙동강 하구의 왜적 상황을 다시 물었다. "왜적이 아직도 다 도망가지 않고 곳곳에 숨어 있으며, 숨어 있는 적의 머리를 35급이나 베었다."고 했다. 적의 본진을 폭파한다는 것은 여전히 위험하다는 것을 그는 다시 한번 느끼며 조심스레 경계하면서 원포(진해)로 건너갔다. 밤 10시가 다 되어 닿았기에 도리 없이 원포 앞바다 배 위에서 잤다. 이날 밤은 서풍이 차게 불어 마음이 산란한데 잠조차 쉽게 들지 않았다.

한참을 뒤척이다 잠이 들었는데 곧장 꿈을 꾸었다. 무수하게 쌓인 시체가 상여에 실려 나가는데 상여 나가는 길을 산이 막는 꿈이었다.

다음 날 10월 3일(음 8월 28일) 눈을 뜨니 아직 해가 뜨지 않았다. 어젯밤 꿈을 다시 생각해 보았다. 적진을 앞에 두고 시신을 보는 흉몽을 꾸다니 어제 이종인 현감에게서 들은 이야기 때문인지 아니면 자기 자신에게 두려움이 심해진 것인지 모를 일이나 그는 지난밤 꾼 꿈을 다시 곰곰이 생각해 보았다.

"장수가 이러면 안 돼지! 부하들이 나의 얼굴에서 두려움을 본다면 우리 군의 사기는 말이 안 된다."

그는 평소 마음을 돌리려 할 때 하던 대로 심호흡을 세 차례 한 후 침상에서 나와 장대에 올랐다. 눈을 감고 간절한 마음으로 기도하기 시작했다.

"하늘이여! 부디 적의 본진을 격파해 나라를 지키고 백성을 살려 장수로서의 책임을 다하게 해 주시옵소서."

기도가 끝나자 이상하게 맑고 따뜻한 기운이 그를 감쌌다. 기도 때마다 그는 일심(一心)의 위력을 느낀다. 바다에 맹세하니 어룡이 요동치고 산에 맹세하니 산천초목이 응답해 온 것이다. 그러자 지난밤 꿈도 흉몽에서 길몽으로 바뀌었다. 어젯밤 꿈이 수많은 적의 시체가 들것으로 치워지고 있는 상서로운 꿈으로 바뀐 것이었다.

다시 밝고도 엄숙한 표정으로 회복한 그는 이른 아침에 연합 함대를 이끌고 부산을 향해 진군했다. 전날 정탐꾼을 육지로 보내 적의 동태를 탐색하고 오라고 명령했더니 오늘 육지에 있는 적을 탐지한 사람이 와서 전했다.

"고성, 진해, 창원 등지의 적은 모두 29일과 30일 중에 도망간 것 같습니다."

아마도 산에서 망보고 있던 적이 우리 함대의 위용에 놀라 자신들의 배를 정박해 둔 곳으로 급히 도망한 것이 분명했다.

전 함대가 다시 낙동강 하구 쪽으로 다가갈 때에 창원에 사는 어부 정말석이 3일 만에 포로에서 도망 나와 그를 찾아와 말했다.

"김해강 쪽 적들이 부산 쪽으로 급히 도망가므로 소인도 밤을 타 도망 나올 수 있었습니다."

그는 대충 적의 동향이 짐작되었다. 경상 해안 각지에 있던 적들이 다시 이순신 함대가 나타난 것을 보고는 두려운 나머지 싸워볼 생각도 않고 자기들 배가 정박해 있는 곳으로 달려가 배를 타고 부산 본진 쪽으로 도망하고 있었던 것이다. 사실 한산해전에서 대패하자 왜의 왕 도요토미 히데요시는 수군장 와키자카의 경거망동을 꾸짖고는, "당분간 조선수군과 바다에서 싸우지 말고 오직 수비만 하라."라고 엄격히 명령했기 때문에 적들은 장수고 병졸이고 간에 조선수군만 보면 싸우지 않고 도망하려고 했다. 고성, 진해, 창원 쪽 왜적들이 이순신 함대의 이름만 들어도 도망하기 급급했던 것은 이런 사정이 있었기 때문이다.

김해강 쪽 사정을 완전히 파악한 그는 대군을 가덕 북쪽의 서쪽 기슭에 숨어 있게 하고 방답첨사 이순신과 광양현감 어영담을 가덕 바깥쪽에 잠복해 있으라고 보냈다. 그리고 나서 다시 정탐 부대를 보내 양산강 쪽 적선을 탐망해 오도록 했다. 오후 5시쯤 탐망군이 와서 보고했다.

"종일 살펴보았으나 왜의 소선 4척이 낙동강 하구 앞바다로 나와 몰운대 쪽으로 지나갔을 뿐 양산강 쪽에서도 적을 발견할 수 없었습니다."

보고를 받은 이순신은 안심하고 가덕의 천성 선창으로 가 거기서 하룻밤을 지냈다.

이튿날 10월 4일(음 8월 28일) 새벽에 그는 전 함대를 이끌고 낙동강 하구에 도착했다. 중군까지의 부대를 2편으로 나눠 한 편은 낙동강의 서쪽(김해강)을 한 편은 낙동강의 동쪽(양산강)을 탐색하며 10리를 거슬러 올라가서 잔적이 있으면 격파하라고 명령했다. 부산을 공격하기 위해 마지막으로 부산의 배후를 정리해야 했기 때문이다.

마침내 양산강 동쪽 어귀인 장림에서, 양산 쪽에서 부산 쪽으로 나오는 큰 배 4척과 작은 배 2척을 발견했다. 30여 명이 나눠 타고 있었다. 나타난 적들 역시 우리 수군을 보자 배를 버리고 뭍으로 도망가 버렸다. 이 적들도 조선수군에 겁먹고 도주한 것이 분명했다. 그는 경상수군에게 적들이 남긴 배들을 처리하라 했더니 원균은 장림포에 남겨진 적선 5척을 모두 불태웠고 좌별도장인 우후 이몽구도 미처 도주하지 못하고 있던 대선 1척을 쳐부수고 적의 수급 하나를 베었다. 이어서 두 강을 올라가며 계속 탐색하려 했으나 그 강들의 형세가 좁아서 판옥 대선이 움직이기 어려웠고 날도 어두워져서 가덕 북변의 동매산 아래로 와 거기서 밤을 지냈다.

마지막 작전회의

　10월 4일 가덕 북변에서의 이날 밤은 부산포로 가는 마지막 밤이다. 여수를 떠나온 지 6일 만에 부산포의 코앞에 닿았고 내일이면 부산의 대해전을 치러야 한다. 모든 장수들은 긴장하고 있었다. 한 번도 가본 적이 없는 부산포. 적의 본진이 있는 부산포. 500여 척의 전함이 정박해 있다는 부산포. 이 부산포를 폭파하면 전쟁을 끝낼 수 있다고 믿고 있는 조선의 수군 장수들이 한편으로 설렘을, 한편으로 두려움에 잠길 수밖에 없음을 어찌 아니라 하겠는가.

　그는 이억기와 원균을 자기의 배로 부르고 이어 정걸을 불렀다.

　"내일 정오경에는 부산포에 닿을 수 있소. 영공들의 의견을 듣고 싶소."

원균이 먼저 입을 열었다.

"부산포 본진의 공격은 한 번 더 생각해 봐야 하오. 조정에서는 낙동강으로 짐을 싣고 내려오는 적을 치라 했지 부산포 본진의 적을 치라고는 아니했지 않소. 오늘로써 우리는 육지에서 낙동강으로 내려오는 적들을 다 정리했으니 내일은 각각 본영으로 돌아가야 하는 것이 옳지 않겠소. 뿐만 아니라 우리가 처음 나올 때는 육군과 같이 적을 치기로 하지 않았소. 그런데 지금 영남관찰사는 미동도 하지 않고 수군만 적을 치라 하지 않소. 공은 저들이 갖고 위험은 우리 수군에게만 지우고 있는데 왜 우리가 저들을 위해 싸워야 하겠소."

이 말은 23일간 특별훈련까지 하고 출진한 전라수군에게는 느닷없는 얘기로 들릴 수 있으나 경상수군의 입장에서는 틀린 말도 아니다. 조정에서 문서로 한 명령에는 분명 짐을 싣고 낙동강으로 도망해 내려오는 적들을 죽이라고만 했기 때문이다. 그뿐만 아니라 원균이 생각하기론 전투가 끝나고 공로를 표창할 때에는 전라수군에 그 공이 돌아가지 자신의 경상수군에게까지는 공이 올 리가 만무했다. 그렇다면 목숨을 걸고 부산 본진까지 치러 갈 것이 없는데 왜 굳이 위험하기 짝이 없는 부산 본진을 폭파해야 하는지 납득할 수 없었던 것이다.

원균의 말을 듣는 동안 그는 고요했고 정걸은 안타까워했다. 그러나 이억기는 그 얼굴에 분노와 경멸의 빛이 역력했다. 이억기는 원균보다 20살이나 아래다. 당시 32세의 혈기 왕성한 지휘관인 이억기는 사욕만 앞에 두는 원균의 말을 듣곤 바로 질책해 말했다.

"경상우수사님! 지금 수백 리 길을 달려와 내일 결전을 앞두고 있는 마당에 그 말은 당치 않는 말씀입니다. 군의 사기가 떨어질 말은 제발 이제 삼가시기 바랍니다."

이억기는 원균의 과거 행적을 잘 알고 있었다. 전쟁 초에 저지른 비겁한 행동에서부터 지난 열 차례 이상 접전하는 동안 보였던 자기 공만 챙기려는 행태를 보고 또 들었다. 그러나 그는 많은 말을 하지는 않았다. 전투 시작 전에 분열을 일으키는 것은 백해무익했기 때문이다. 그래서 애써 참고 말은 간단히 했지만 속에서 일어난 분노는 자연히 그의 얼굴에 나타났다. 듣고 있던 팔십 노장 정걸이 웃음을 거두며 조용히 말했다.

"세 수사 영공님들! 힘을 합치고 뜻을 모아야 합니다. 자고로 분열된 군사가 전쟁에서 이겼단 말을 들어 본 적이 없습니다. 이번 부산해전은 왜적의 목을 누르는 마지막 전투입니다. 여기서 지면 지금까지 우리가 목숨 걸고 10번 싸운 공적은 사라질 것이고 여기서 이겨야 나라를 지킬 수 있습니다. 생각해 보십시오. 지금까지 우리가 10차례 접전에서 모두 승첩했고 특히 지난 견내량 싸움에서는 적의 기를 완전히 꺾어 놓았지 않습니까. 내일 이 부산해전마저 이겨 본진을 초토화시켜 적을 반신불수로 만들어 놓는다면, 크게 보면 여기서 전쟁을 끝낼 수도 있고 작게 보아도 남해와 서해의 바다만큼은 완벽히 우리가 장악할 수 있을 것입니다.

왕명이 비록 원 수사 말씀처럼 나왔다 하나 그 본래 뜻은 적을 이 땅에서 몰아내라는 말이고 설사 육군의 공조가 없다 하더라도 바다를 지키는 일만은 우리 힘으로 할 수 있는 일이 아닙니까. 무엇보다 지금 여해 영공이 지난 10차례 접전에서 모두 승첩을 지휘하셨고 오늘 여기에 오기까지의 모든 과정도 여해 영공의 높은 뜻과 지도력 때문 아닙니까? 이제 조선수군은 여해 영공의 지휘 안에서 움직일 수밖에 없습니다. 여해 영공은 이제 우리의 주장(主將)이십니다. 여수에서 23일간 준비를 시켰고 6일 만에 부산에 도착했습니다. 그래서 나는 내일의 대접전에도 여해 영공의 준비된 승첩을 위한 방략이 있다고 봅니다. 과거 승첩의 예를 따라 여해 영공께서 지휘해 주시면 우리는 반드시 이기고 나라를 지킬 수 있으리라 확신합니다. 그러니 평중 영공과 경수 영공도 다른 생각 마시고 여해 영공이 일러 주실 방책을 듣고 잘 실행만 해주십시오. 나도 팔십이 다 된 늙은이나 여해 영공의 높은 의기와 능력을 믿기에 거기에 의지해 약간의 공로를 더 보태고자 지금 여해 영공의 조방장으로서 참전하고 있습니다."

말을 마친 정걸은 그를 쳐다보며 내일의 승리 방책을 일러 주길 청했다. 그는 변함없이 고요한 얼굴로 조용히 일렀다.

"정걸 선배의 말씀에 고개가 숙여집니다. 우리가 사직을 위해 한번 죽는 것이 뭐가 그리 아깝겠습니까? 기어이 이번에 적의 본진을 폭파해 전쟁을 끝낸다는 각오로 전투에 임해 주시길 부탁합니다. 내일 새벽에 출진하면 한두 시간 차이는 날 수 있겠지만 정오경에 부산포에 닿을 것입니다. 그때 가서 공격 시점을 다시 논의키로 합시다."

이때 갑판 쪽에서 시끄러운 소리가 들리더니 다섯 장수가 대장선 위로 올라왔다. 우부장 녹도만호 정운, 전부장 방답첨사 이순신, 광양현감 어영담, 중위장 순천부사 권준, 거북선 돌격장 이언량이다. 모두가 범 같은 전라좌수군의 용장들이다. 이들은 진작부터 이순신과 생사를 함께하기로 맹세한 터라 지난 10번의 싸움에서도 항상 앞장서서 적을 깼다. 이들은 오늘 대장선에서의 의논이 길어지는 것을 보자 혹시 원균이 자기들의 대장에게 대들고 있다면 이를 제압하겠다는 각오로 서로 의논해 대장선으로 온 것이다. 그러나 걱정했던 바와는 달리 회의의 분위기는 조용했다.

다섯 장수가 왔다는 소식을 들은 이순신은 얼굴에 미소를 띠며 그들도 불러들였다. 그러고는 막걸리 한 말을 가져오라 일렀다. 각자의 앞에는 한 사발의 막걸리가 놓였다.

그는 술잔을 들고 "내일 밤 우리는 반드시 축배의 잔을 들 것이오! 모든 준비는 끝났고, 하늘은 우리를 도울 것이오! 하나가 되어 죽을힘을 다해 싸워서 나라의 원수를 갚읍시다. 적의 본진을 폭파해 나라의 원수를 갚고 전쟁을 끝냅시다."

아홉 장수는 단숨에 술을 마시고 군례로 읍한 뒤 각자 자기들 배로 돌아갔다. 밤 8시에 시작된 조선수군 최고 지휘관 회의는 이렇게 밤 12시가 되어서야 끝이 난 것이다.

4부 대첩

결전의 날

1592년 10월 5일(음 8월 29일) 새벽닭이 울 때, 가덕을 출발한 연합함대는 부산 앞바다를 향해 전진했다. 방답첨사 이순신이 앞장섰다. 거북선 2척은 이언량의 지휘하에 언제든지 명령만 있으면 돌격할 준비를 하고 중군 앞 좌·우에서 진군했다. 그는 중앙에서 대장선을 타고 부대를 총지휘하고 순천부사 권준이 직접 그의 명령을 전달하고 명에 따라 부대를 지휘한다. 대장선의 오른쪽에는 녹도만호 정운이 왼쪽에는 좌부장 신호가 각 부대의 기함 위에서 군사들을 지휘한다. 광양현감 어영담도 대장선 옆에서 진군했다.

그다음에는 전라우수군이 이억기의 지휘하에 따르고 후방에는 경상수군이 원균의 지휘하에 움직였다. 다만 경상수군 중 이영남만은 중군 앞에서 바닷길을 인도하며 중부장이 내리는 명령을 경상수군에 전달했다.

이렇게 구성된 70척이 넘는 판옥전선이 오전 8시경, 대장선 우측 선두에 선 녹도 기선이 몰운대를 지날 즈음 그 배에 타고 있던 만수가 정운에게 다가왔다. 만수는 그의 아버지가 수군에서 보자기로 근무하다 일찍 죽어 의지할 곳이 없게 되자 정운이 거두어 키운 아이다. 만수는 신분은 비록 노비이나 머리가 총명해 월출산 아래서 풍수도 익혔고 무엇보다 포격술이 뛰어났다. 그런데다 바다 사정까지 잘 알아 정운이 바다로 나갈 땐 항상 데리고 다녔다.

이날도 만수는 정운 옆에 시립해 있다가 몰운대를 지날 때 정운에게 다가와서 말했다.

"장군님! 지금 지나가는 곳이 몰운대입니다. 잠시 여기서 액운을 피하는 기도를 하고 떠납시다."

"무슨 말이냐?"

"구름이 떨어지는 곳이라 비록 운(雲)이 장군님의 함자 운(運)과는 같지 않으나 기분이 좋지 않습니다. 옛날 선인들이 쓴 피난 기도법을 소인이 조금은 알고 있으니 써 보시지요. 잠시면 됩니다."

정운은 거침없이 말했다.

"사람의 생사는 하늘에 있는 것이다. 무슨 기도를 한다 해서

면할 수 있겠는가. 나는 오늘 전쟁을 끝내는 데 목숨을 걸었다. 대장부 세상에 나서 나라 구하다 죽는다면 그보다 큰 영광이 어디에 있겠는가. 그러니 걱정하지 말라."

몰운대를 지나 화준구미(부산시 사하구 화손대)에 이르렀다. 보니 왜 적선 큰 배 5척이 빈 배인 채 정박해 있었다. 필시 거기 있는 군사들 역시 조선 함대의 출현을 보자 배를 버리고 도망간 것이다. 이날의 첫 포화가 터졌다. 조방장 정걸의 지휘 아래 적함 큰 배 5척을 모조리 깨버리고 배안에 가득 실린 각종 전쟁 기구를 꺼내지 않고 그대로 배와 함께 불태워 버렸다. 그러나 적들은 이미 산으로 도망쳤기 때문에 목은 하나도 베지 못했다.

다시 진군하여 다대포에 이르렀다. 화준구미에서와 똑같은 상황이 벌어졌다. 그곳에 있던 큰 배 8척도 전과 같이 불태워 버렸다. 1시간 이상 계속 진군하여 가니 서평포(부산시 사하구 구평동)에 이르렀다. 서평포에서도 큰 배 9척이 눈에 들어왔다. 역시 포와 화공으로 모두를 불태웠다. 절영도(부산시 영도) 앞에 이르니 큰 배 2척이 정박해 있었다. 부산포에 거의 다 왔으므로 혹시 적이 타고 있는지 가까이 접근하여 탐지해 봤더니 여기에도 역시 2척 모두 비어 있었다. 이마저 여지없이 폭파하고 승승장구하는 기세로 부산포의 입구인 초량목(영도다리 있는 곳) 가까이 다다랐다.

왜군의 전략들

당시 왜군은 부산을 그들의 조선 침략 전진기지로 삼고 있었다. 축성 기술이 뛰어난 도도 다카도라는 부산진성을 허물고 그 돌로써 그들의 왜성을 쌓았다. 이 왜성은 부산진성터에서 지금의 자성대에 걸쳐 축조되었으며 거기에 조선 백성들이 강제 동원되었음은 말할 필요가 없었다.

적들은 지금의 부산 초량과 고관을 중심으로 왜관을 조성하고 자기 나라 백성들을 불러들여 그들의 마을을 조성하기 시작하였으며 집과 절을 짓고 상점도 열었다. 그리고 부산진성 앞바다에서부터 지금의 우암동 산 아래 바다까지 10리에 걸쳐서 500척이 넘는 군선을 정박시켜 놓았다. 해전과 수송을 담당하면서 한편으론 저들의 점령지를 지키고자 했던 것이다.

조선수군 함대가 다대포를 거쳐 서평포로 거침없이 진격하고 있다는 소식은 부산의 왜군 진영에 바로바로 보고되고 있었다. 왜적 장수 8명이 황급히 도도의 진영으로 모였다.

"급보에 의하면 이순신이 서평포까지 진격해 오고 있다 하오. 아마 지금쯤 영도 가까이에 이르렀을지도 모르겠소. 빈 배가 여섯 포구에 남겨져 있는 까닭에 조선군은 여러 번의 전초전을 겪고서야 부산에 이를 것이오. 그리되면 일몰까지 얼마 남지 않아 시간상 여기를 공격하지 못할 것이오."

"나는 안골포에서 이순신과 맞선 적이 있어 그의 용병술을 조금은 알고 있습니다. 이순신의 행군 속도로 보아 영도에 미끼로 던져둔 큰 배 두 척만으로는 1시간 이상을 버티기가 어렵습니다. 이순신이 늦어도 오후 1~2시에는 초량목을 통과할 것이고 그러면 바로 우리 본진에 닿아 격전을 벌일 수밖에 없습니다. 대장! 때를 놓치지 않는 이순신의 용병술로 보아 오늘 처들어온다고 보고 대비해야 할 것이오."

"나도 이순신을 잘 아오. 한 달 보름 전 그와 견내량에서 맞붙은 적이 있는데 그는 사람이라기보단 귀신에 가깝소. 그가 오늘 오후 공격을 개시하거나 아니면 내일 아침에 공격하거나 간에 우리는 그와 정면 대결을 해서는 안 되오. 그리고 태합전하도 그와의 해상 전투를 금지시키고 오직 지키기만 하라고 하지 않았습니까? 그러니 배를 버리고 우리는 지금 바로 산으로 올라가 산 중턱에 세 군데의 방어벽을 만들어 숨어 이순신이 상륙만 하지 못하도록 하는 것이 상책이오. 배가 수백 척 깨질 것은 각오해야 합니다. 배야 다시 가져오면 되지 않소. 지금 본토에 2,000척이 넘는 배를 준비하고 있지 않소."

"아무리 그렇기로서니 이순신이 귀신이 아니고 사람인데 우리 500척 본진 전선을 그대로 놔두고 피할 수만 없소. 지금 그는 6일간 항해해 오며 5차례나 전초전을 치르느라 힘들 것입니다. 우리도 이때 준비된 특별 기동함대를 발진시켜 부산 앞바다로 나가 공격하면 반드시 승리할 것입니다."

"당신은 이순신을 잘 몰라서 그러는 것이오. 그자를 알면 그런 소리는 못할 것이오. 일반적 병법으론 그 사람을 막을 수 없소."

도도는 장수들의 의견을 다 들은 뒤 다음과 같이 대응방안을 제시했다.

"그러면 이순신이 오후 2시에 초량목을 지나고 늦은 시간이라도 우리에게 공격을 가할 것이라 예상하고 작전을 생각해 봐야 할 것이오. 우선 우리 기동함대 중 선발 4척을 초량목 쪽으로 보내 이순신을 막도록 합시다. 버티기는 어려울 것이나 2시간 가량은 적의 진격을 저지할 수 있을 것입니다. 그사이 우리는 각 배에 최소한의 병력만 남겨두고 산 중턱에 파 놓은 참호 속에 들어가 전투 준비를 하는 것입니다.

조선놈 500명을 잘 훈련시켜 우리 진영 안에 두고 있으니 각 참호마다 그놈들을 앞세워 인질로 삼고 그들로 하여금 대포와 편전을 쏘도록 합시다. 본격적 전투는 결국 포격전이 될 것이고 야간 전투가 될 것이오. 우리는 압도적으로 유리합니다. 달도 없는 깜깜한 밤이라 안전지대에서 내려다보고 공격하는 우리를 바다에 떠 있는 적이 어떻게 막을 수가 있겠소. 잘하면 한산도의 패전을 설욕하고 이순신을 잡을 수도 있을 것이오."

도도의 작전 계획은 흠잡을 데 없이 완벽했다. 세 장수도 이를 수용키로 하고 그의 제의에 따라 여덟 장수들은 각각 제 진영으로 돌아갔다. 이 계획에 따라 왜의 부산 본진에 소속된 선봉 기동함대 4척은 이순신 함대를 막기 위해 초량목을 향하여 항진해 갔다.

왜군 본진을 향한 진군

비록 군사들 간의 전투는 없었지만 가덕을 출발한 후 4차례나 걸쳐 적의 함선 24척을 폭파하면서 진군하자니 새벽닭이 울 때 출발했지만 초량목에 다가갔을 땐 벌써 정오를 넘기고 있었다.

조금 전에 보낸 정탐선에서 긴급 보고를 했다.

"적선 약 500여 척이 선창의 동쪽(우암동 쪽) 산기슭 언덕에 줄지어 정박해 있는데 해안선을 따라 위쪽 높은 곳에 진지를 구축해 있고 멀리서 적선 4척이 초량목으로 우리 정찰선을 뒤쫓아 다가오고 있습니다."

이순신은 긴급히 지휘관들을 불렀다. 지금 공격할 것인가? 아니면 내일 공격할 것인가? 원균은 자고 나서 내일 공격하자 했고 정운은 바로 공격하자 했다. 그가 여러 사람의 의견을 듣고 결단하는 데는 시간이 별로 걸리지 않았다. 첫 출전 때 진해루에 모여 자유로운 토론을 통해 장수들의 마음을 하나로 모았듯이 이번에도 그는 장수들의 의견을 물은 것이다. 그에게 결심이 서지 않아서가 아니다. 장수들의 중의를 모아 자신이 결론을 내면 그냥 일방적으로 자기 의견을 제시해 명령하는 것보다 부대를 하나로 하는 데 유익하다고 생각했기 때문이다.

중의가 모아졌다고 판단한 그는 "만일 우리 군사가 지금까지 승승장구해온 위세로써 공격하지 않고 물러나면 반드시 적이 우리를 멸시하는 마음이 생길 것이오. 그리고 우리가 지금 진을 물린다 해도 밤을 새울 곳이 마땅찮소. 영도는 위험하고 가덕까지는 너무 머오. 밤새 적이 또 무슨 짓을 할지 모르지 않소. 그러니 지금 전진하는 기운으로 바로 적을 쳐야 하오!"라고 이유를 설명한 뒤 대장선 위로 독전기를 높이 올리라고 명령했다.

명령을 기다려온 조선수군은 대장선에서 독전기가 오르자 일제히 함성을 지르며 진격했다. 오후 2시경이었다.

부산포의 대승첩

초량목에 들어서니 과연 멀리 보이는 부산포 해안은 500여 척의 배로 꽉 차 있었고 멀리서 4척의 적함이 다가오고 있었다. 왜적은 이미 이순신의 침공을 예상하고 만반의 수비를 하고 있으면서 한편 선봉대를 꾸려 우리의 대응을 시험해 보려 했던 것이다.

당시 부산에 머물던 네 장수는 옥포, 한산, 안골포에서 이순신에게 대패하고 도주한 이력이 있는 자들이라 그들의 이순신에 대한 두려움은 상상 이상이었다. 그래서 적들은 아예 배의 간수에 필요한 병력만 배에 남겨두고 대부분의 병력은 해안가 비탈진 산허리에 지형지물을 방패 삼아 지키며 해전은 극력 피하려 했던 것이다.

그러나 아무리 방어 전략으로 간다 해도 조선수군이 해안가에 이를 때까지 가만히 앉아 당하는 것은 그들의 자존심이 허락하지 않았다. 그리하여 이순신 함대가 초량목 가까이로 다가온다는 것을 보고받고 네 장수들은 뜻을 모아 4척의 전함을 긴급 출동시켜 한편으론 저들의 진지를 방어하고 동시에 이순신의 진로를 방해해 보자고 했던 것이다. 자연히 부산포 해전은 선봉으로 나온 이 4척의 전선과 조선함대의 싸움에서 시작되었다.

우부장 정운과 거북선 돌격장 이언량이 먼저 나가 적의 선봉 4척의 적함과 마주쳤다. 두 거북선의 앞에서는 불이 뿜어져 나왔다. 뒤를 이어 전부장 이순신, 중위장 권준, 좌부장 신호가 배를 몰아 적선에 포격을 가했다. 왜 적선 4척은 모두 불탔고 배에 탔던 적들은 헤엄쳐 육지로 기어 오르고 있었다.

선봉 4척은 이렇게 격파했지만 그 배에 탄 적들의 목을 치는 일은 뒤로 미루고 전 함대는 이긴 기세를 타고 북을 치고서 깃발을 휘날리며 진격해 나갔다. 부산 앞바다 가운데에 이르러 잠시 멈춰 분열을 지었다. 사전의 계획에 따라 전 부대를 2개의 장사진으로 편성하기 위해서였다.

제1진은 본영 거북선을 앞세우고 이순신과 이억기가 나눠 지휘하고 제2진은 방답 거북선을 앞세워 입부 이순신과 원균이 전·후에서 지휘하기로 했다. 뱀 모양으로 긴 일자진(장사진)을 형성해 제1진은 부산진성 앞바다로 진격해 들어가 판옥선의 좌측 함포로써 적선을 격파하며 지금의 55보급창이 있는 곳으로 오면, 제2진은 제1진과 동시에 같은 모양을 형성해 우암 바다 앞으로 진격해 들어가 판옥선 우측 함포로써 적선을 격파하고 55보급창 앞바다로 와

모인다. 그러고 나서 다시 일제히 뱃머리를 돌려 제1진은 배 우측 함포로, 제2진은 배 좌측 함포로 적선을 깬 뒤 부산 앞바다 가운데로 다시 모인다. 두 시간에 걸쳐 포격을 마치면 이젠 제1진이 우암 바다 쪽으로 제2진이 부산진 바다 쪽으로 진격하기로 한다. 이렇게 정하고선 공격을 시작했다.

부산진 동쪽의 어느 산에서 5리쯤 되는 언덕 밑 3개소에 대어 있는 수많은 적선들은 두려워 감히 나오지 못하고 있다가 조선 함대가 장사진으로 그들 앞으로 돌진하자 배를 버리고 산으로 올라갔다. 성안과 굴속에 있던 적들도 총통과 조총 그리고 활을 갖고 산 위로 올라갔다. 적들은 거기서 6개 부분으로 진을 나누어 조직적으로 대항했다. 산 위에서 바다를 내려다보면서 철환과 조총 그리고 화살을 빗발과 우박같이 쏘아댔다.

우리나라 편전이 우리나라 사람들에 의해 우리에게 발사되었고 모과만 한 대철환도 발사되었으며 주발 덩이만 한 돌멩이도 발사되어 우리 배를 많이 맞혔다. 함께 타고 있던 조방장 정걸이 탄식했다.

"아무리 나라가 구실을 못해도 같은 나라 백성이 동족에게 총을 쏜단 말인가?"

그는 간단히 답했다.

"백성을 보호해 주지 못한 나라를 어찌 나라라 하겠습니까?"

조선수군은 이순신의 지휘에 따라 뱀처럼 꿈틀거리면서 일사불란하게 움직이며 장거리 대포를 발사하고 편전을 난사했다. 조선 백성들이 왜적의 군졸이 된 데에 더욱 분개한 조선수군들은 죽음을 무릅쓰고 다투어 돌진했다. 조선수군이 움직일 때마다 거북선은 불을 뿜었다. 천자총통에는 대장군전을, 지자총통에는 장군전을, 황자총통에는 피령전을, 활에는 장전과 편전을, 나머지 대형 총통에는 철환을 실어 한꺼번에 쏘았고 쉬지 않고 발사했다. 함대에 탄 조선수군 장졸들은 너 나 할 것 없이 적의 철환을 무릅쓰고 결사적으로 전진했다. 싸우다 죽기도 하고 다치기도 했다. 적이 비록 유리하게 높은 고지에서 공격했지만 적들은 조선수군의 결사적인 공격을 막아내지 못했다.

적들은 그들의 죽은 시신과 부상병을 끊임없이 굴속으로 끌고 들어가고 있었다. 조선수군이 쏘는 대포와 화살에 맞아 죽은 왜적들의 수는 헤아릴 수 없이 많았다. 그러나 조선수군은 배를 쳐부수는 일이 급해 육지로 올라가 죽은 적의 목을 벨 수는 없었다. 성 안팎의 6·7개소에 진을 치고 있는 왜적들의 수가 엄청 많았을 뿐 아니라 그들은 말을 타고 이리저리 다니니 말이 없는 우리 군사가 육지에 올라가 적의 머리를 벤다는 것은 가능한 일이 아니었기 때문이다. 다시 한번 육군과 합력하지 못한 것이 아쉬웠지만 도리 없었다.

두 차례의 거친 장사진 공격을 마칠 때 이미 해는 저물어 부산 바다엔 어둠이 점점 짙게 깔리기 시작했다. 어둠 속에서 부산 앞바다 중앙으로 다시 모인 조선수군 장수들은 이순신의 다음 명령을 기다렸다. 이쯤에서 군대를 물릴 것인지 계속 더 공격해야 할 것인지를 놓고 이순신의 결단을 기다려야 했기 때문이다. 밤은 이미 깊어졌고, 장졸들은 사력을 다해 싸우느라 지칠 대로 지쳐 있었고, 적진은 거친 공격을 받아 조용해진 듯했다. 지금쯤 군사를 물려도 승전했다 할 수 있었다.

　　이순신은 잠시 생각에 잠겼다. 그러고 나서 바로 이어 진격을 다시 명령하는 깃발을 높이 올렸다. 그는 적의 기운을 완전히 꺾어버려 적으로 하여금 다시는 바다를 넘보지 못하게 하려면 마지막 승리를 확인하는 한 차례의 공격이 더 필요하다고 생각했기 때문이다. 바다 중앙에 모인 연합함대는 이순신의 명령에 따라 처음처럼 다시 장사진으로 진격했다. 이미 밤이 깊었건만 이순신을 믿었기에 불평은 한 군데서도 나오지 않았다. 끝까지 조선수군은 하나가 되어 움직였다. 이 마지막 공격은 달빛조차 없는 깜깜한 밤 속에서 진행되었다. 어둠을 뚫고 떨어지는 무수한 포탄은 하늘에서 내린 천벌이었다. 이제 살아남은 왜적들은 모두가 육지로 올라가 굴속에 숨었다. 간헐적으로 포를 쏘기는 하나 목표를 향해 쏘는 것이 아니라 바다를 향해 그냥 쏘아보는 것이었다.

　　밤 10시가 가까워졌을 때 적선은 무려 백수십 척이 깨졌다. 적은 더 이상 항전하지 못했다. 한편 우리 수군도 하루 종일 공격하였으므로 포탄도 떨어져 갔고 군사들의 피로감도 극도에 이르렀다.

그는 가만히 생각했다.

'적은 이미 포격을 포기하고 숨기만 해 사실상 부산 전투는 우리의 승리로 끝났다. 반면 날은 어둡고 우리 수군은 새벽부터 밤까지 한시도 쉬지 않고 싸워 지칠 대로 지쳤다. 그런데 육지로 올라가 적을 칠 형편은 아니다. 그러면 이즈음에서 군사를 물리는 것이 상책이다. 이 승첩 이후 적은 더 이상 우리 수군에 대항하려 하지 못할 것이고 우리는 이제 우리의 바다를 확고히 장악했다.'

이날 전투는 새벽부터 시작하여 밤 10시가 넘도록 계속된 것이다. 그도 이렇게 종일, 그것도 야간에 싸워 본 일은 없었다. 그만큼 이 전투는 그가 뭔가 결실을 보았다고 생각되어야만 끝낼 수 있는 전투였기 때문이다. 그래서 그는 죽기로써 끝장을 보려고 한 것이다. 이제 그는 전투의 종결을 선언해도 될 만큼 충분히 적을 겁먹였다고 생각했다. 밤 10시경 그는 승리를 선포했다.

"부산에서 우리는 대승을 거두었다. 이때까지 싸워 이긴 그 어떤 전투보다 큰 승리를 거두었다. 이제 전투를 끝내고 돌아간다."

그리고 그는 배를 물렸다. 북소리가 요란하고 승리의 함성이 가득한 가운데서 부산 바다는 춤을 추었다.

바다를 얻고
정운을 잃다

배를 물려 가덕으로 향하려는 그 순간이다. 느닷없이 적의 포탄 하나가 날아와 녹도의 기함을 맞혔고 그 파편 하나는 정운의 머리를 때렸다. 이번 전투에서 정운은 남다른 각오를 하고 왔기에 적진과 가장 가까운 곳에서 적을 공격했다. 그러니 적의 사정거리에 가장 가까이에서 싸우게 된 것이니 장수들 중 적탄을 맞을 위험도 가장 컸다. 그러나 적의 반격이 이미 잦아들고 있었고 이순신의 승전 깃발이 날리며 회군 명령이 떨어지자 그는 흥분되어 뱃머리를 돌리면서 잠시 자기방어를 소홀히 했다. 전투에서 회군할 때 자주 돌발 문제가 생기는 것도 이와 같은 이유가 있음이다.

정운이 쓰러지자 가장 먼저 뛰어온 사람은 만수다. 만수는 정운의 시신을 안고 울부짖었다. 녹도함은 회군하려다 말고 뱃머리를 다시 원상으로 돌렸다. 대포 앞으로 다가간 만수는 눈을 부릅뜨고 적의 포탄이 날아온 곳을 응시했다. 장착된 포탄이 그곳으로 날아갔다. 밤중이지만 포탄은 정확히 그곳을 맞혔다. 화염이 일었고 그곳은 불바다가 되었다. 그제서야 녹도함은 뱃머리를 돌려 연합함대 중간으로 진입했다.

승리의 북소리는 여전히 요란하게 울리고 있는데 녹도의 대장선에선 통곡이 나왔다. 이순신은 정운의 죽음을 직감했다. 녹도의 배로 뛰어간 이순신은 정운의 시신을 안고 통곡했다.

"정운 장군! 목숨 걸고 싸워 이긴 공을 받아야 할 순간에 장군이 간단 말이 웬 말이요. 하늘이여! 나를 두고 왜 정 장군을 데려가십니까? 내 이제 누구와 더불어 적과 싸워 나라를 보전한단 말입니까?"

바다를 주고도 정운을 살리고 싶었건만 정운 장군은 제 하나 죽음으로써 나라에는 승리를 안겨 주었다. 과연 그는 죽었어도 살았던 것이다. 승리의 기쁨은 그의 가슴 깊은 곳에 묻혔고 정운 잃은 슬픔만 눈앞에 남았다. 자정이 되어서야 가덕에 도착했다. 거기서 하룻밤을 지내고 그는 우수군과 경상수군과 작별하고 좌수영으로 돌아왔다.

5부 평가

부산승첩보다
큰 승첩은 없었습니다

10월 21일 그는 동헌에서 정좌해 좌수영으로 귀환 이후 정리한 자료들을 다시 보고는 두 차례에 걸쳐 수정 작성한 장계 초안을 마지막으로 정서했다. 견내량승첩 보고서 작성 때와 같이 어머니로부터 받은 그 벼루와 그 붓으로 한 자 한 자 장계문을 써내려 갔다. 제목은 〈제4차 부산포승첩을 아뢰는 계본〉이라 썼다. 적의 머리는 취한 것이 몇 안 되기 때문에 "적선을 무찔렀다"는 말을 머리말로 삼았지만 내심 그는 앞의 1,2,3차 승첩에 비해 가장 큰 승첩을 거둔 것이라 자부했다.

장계에는 적을 치러간 경위, 전라좌·우수군의 연합함대(74척의 전함과 92선의 협선)가 함께 출진한 일, 9월 29일 출진해 10월 3일 가덕에 도착하고, 그다음 날부터 10월 5일 부산 앞바다서 싸울 때까지 5회에 걸쳐 24척의 전함을 파괴하고 불태운 일과 부산 앞바다서 적선 500여 척에 포격을 가하여 수많은 적을 죽이고 적선 100여 척을 폭파한 일을 자세히 보고했다. 전투를 끝내고 나서 육군과 합력이 되지 않아 적을 남김없이 섬멸하지 못함에 대한 소감을 적고 나서 10월 6일 진을 파하고 여수로 돌아온 일을 적었다. 그 다음은 장수들의 공적과 사로잡은 왜인 포로 등을 문초한 내용도 보통 때의 장계처럼 상세히 적어 보고했다. 그러고는 그는 자신의 부산승첩에 대한 견해를 적었다.

"무릇 전후 4차례 적에게 달려가 10번 접전하여 모두 승첩하였어도 장수와 군졸들의 공로를 논한다면 이번 부산 전투보다 더 큰 것이 없습니다. 전일 싸울 때에는 적선의 수가 많아도 70여 척을 넘지 않는데 이번은 많은 왜적이 소굴에 벌여놓은 470여 척 속으로 전투진을 펼치고 군사의 위세를 크게 뽐내어 이기는 기세로 돌진하였습니다. 우리 군사들은 조금도 두려워하거나 꺾임이 없이 종일토록 공격하여 적선 100여 척을 쳐부수었습니다. 그리하여 적도들의 마음이 꺾이고 간담이 떨어져 나가 고개를 움츠리며 두려워서 벌벌 떨게 해 놓았습니다. 비록 머리를 벤 것은 없으나 힘써 싸운 공로는 먼젓번 어느 때보다 훨씬 나으므로 전례를 참작하여 공로의 등급을 결정하고 이를 별지에 기록하였습니다."

이어 감목관 조정의 자발적 참전과 전과를 자세히 적으면서 특히 녹도만호 정운의 전사 상황과 그 공적을 비통한 심정으로 기술했으며, 그를 이대원 사당에 합사해 달라는 청원은 따로 문서를 작성해 올렸다. 이어 전사자와 부상자의 명단을 일일이 적은 뒤 전사자들은 장사 지내주게 하고 부상자에게는 약물을 주어 치료토록 하며 전사자의 아내와 자식들은 구호토록 했다. 또 적으로부터 노획한 물품 중 쌀, 의복 등은 군사들에게 나눠 주었고 왜적으로부터 노획한 나머지 물품 목록도 일일이 보고했다. 끝으로 공을 세운 군관 송여종이 이 장계본을 모시고 가 임금께 아뢴다는 말로 글을 맺었다.

장문의 승첩 장계를 쓰면서도 그가 가장 힘을 준 곳은 두 군데다. 첫째는 부산승첩이 옥포, 당포, 한산승첩을 통틀어 장수와 군졸들의 공로가 가장 큰 전투였으므로 죽기로써 힘써 싸운 장수와 군졸들을 모두 표창해 달라는 것과 둘째는 정운의 죽음을 애통해하며 그에게는 특별한 예우(이대원 사당에 합사)를 하게 해 달라는 것이었다.

그러나 임금의 태도는 달랐다. 조정에서는 정운을 이대원 사당에 합사해 달라는 요청은 받아들였지만 부산승첩을 '이기지 못한 전투'라 판정했다. 그리하여 장수들의 공을 인정하지 않았다. 이유는 육지에 오르지 못했고, 빈 배만 400척 깼다는 것이다.

수군이 육군과 협력이 안 되어 육지에 못 올랐고, 그 때문에 적의 목을 베어온 것은 없었다고 하더라도 적을 죽인 수가 부지기수이며 적선 백수십 척을 깨 적을 벌벌 떨게 하고 꼼짝 못 하게 함으로써 바다를 확고히 지킬 수 있게 되었는데 이를 어찌 이기지 못한 전투라 했을까? 현장에서 하루 종일 싸운 장수 스스로 '이겼다' 했거늘 현장에서 싸우는 것을 보지도 못한 왕과 그 신료들이 감히 무슨 근거로 이기지 못했다고 평가한단 말인가? 또 백수십 척의 적선을 깼다 했는데 느닷없이 400척이라 늘려 말한 것은 누구의 말을 듣고 어디서 나온 허수인지 알 수가 없었다.

사라진 승첩 포상

전쟁을 끝내고 영광스럽게 귀환한 장수들은 포상받기를 기다리고 병졸들은 상 받을 날만을 기다리고 있었다. 그런데 장계를 보낸 지 한 달이 넘도록 포상은커녕 조정에서는 부산승첩을 이기지 못한 전투라고 결정했다는 소식이 들리자 전라좌수영은 분노했다. 군사들은 분통을 터뜨렸고 각 장수들도 병사들과 같은 마음이었으나 이런 일이 처음 있는 일이 아님을 잘 알고 있었기 때문인지 오히려 병사들을 잘 타이르며 달랬다.

그러고 나서 장수들은 동헌으로 그를 찾아왔다. 사실 가장 어이없고 속상한 사람은 그이다. 어느 전투에서도 그랬듯이 자기야 공을 인정받지 않아도 좋았다. 그러나 하나가 되어 죽기로써 싸운 장병들을 표창하지 않는다면 다음에는 어떻게 군사들의 사기를 올려 싸울 수 있단 말인가. 장수들이 모여 올라오자 이순신은 그들의 분노에 찬 말들을 듣기 시작했다. 정걸이 먼저 그를 위로했다.

"수사 영감! 우리 수사께서 그까짓 일에 마음 다치시지는 않으리란 걸 소장은 잘 알고 있습니다만, 참 윗분들이 전쟁을 모르네요! 한 번도 싸워보지 않고 피해 다니기만 한 무리들이 목숨 걸고 싸우는 장수들의 심중을 어찌 알겠소. 내 지난날에도 그랬거니와 세상은 변치 않을 것 같으니 그리 참고 살아야지요. 너무 상심 마시오."

듣고 있던 어영담이 폭발했다.

"아무리 그래도 그렇지! 버러지 같은 것들이 나라의 대신들이라 하여 지 앞길만 생각하고 남의 공로는 털끝만도 생각 않으니 이게 나라입니까! 참으로 분통이 터져 미칠 것 같구려."

입부 이순신이 점잖게 거든다. 그는 그의 수사인 이순신이 '정운을 이대원 사당에 합사해 주기를 청하는' 글에서 자신(입부 이순신)만 당상관이 되지 못한 것을 안타깝게 여겨 꼭 이번에 당상관으로 포상해 달라고 간청했던 일을 알고 있었기에 수사를 위로하는 그의 말은 울림이 남달랐다.

"전번 한산승첩을 거두어 적의 목을 9,000개나 베고 적선 60척을 깼을 때도 조정에서는 우리 수사 영감을 제대로 승진시키지 않고 공을 반만 쳐 주었소.(정2품 자헌대부를 종1품으로 승진시키지 않고 정2품 정헌대부로 올려 준 것을 꼬집어 말한 것이다.) 우리 소장들의 공이야 그렇다 하더라도 우리 수사께서 사천에서 총상을 입고 아직 부상이 완치되지도 않았건만 전쟁을 끝내려고 위험을 무릅쓰고 먼 길을 달려 승전한 공을 인정치 않는 처사가 참으로 졸렬하기 짝이 없구려. 저희들 생각은 마십시오. 저희들은 수사 영감께서 공을 인정받지 못한 것이 통분할 뿐입니다."

몇몇 장수들이 더 나서려 했지만, 그는 손을 내밀어 제지했다.

"나를 챙겨주는 여러 장수의 마음은 잘 알았소. 그러나 생각해 보시오. 우리가 목숨 걸고 싸운 것이 무엇을 위해서 누구를 위해서인가요? 모두가 다 이 나라 사직을 위하고 백성을 위해서가 아니오. 우리가 포상을 받기 위해 싸운 것은 아니지 않소. 그러면 되지 않겠소. 사직과 백성을 위해 우리는 우리 할 일을 잘 마쳤소! 이제 이번 싸움으로 바다 걱정은 안 해도 될 것 같소. 우리 전라수군이 있는 한 적이 우리 사직을 다시 어쩌지 못할 것이고 우리 백성들도 생명을 보존할 수 있을 것이오.

장수 여러분! 부산승첩을 우리가 이 나라 바다를 지켜낸 최후의 승첩으로 기억합시다. 하늘은 다 아실 것이니 오늘의 우리 기쁨을 천지신명과 더불어 나눕시다."

소박한 자축연

그날 저녁 그는 군사들을 위로해 주기 위해 자축연을 열었다. 부산승첩에서 돌아온 후 처음으로 모든 장수와 병졸이 함께하는 전체 잔치다. 먹을 것이 변변치 못했으나 소도 잡고 돼지도 잡았다. 개도에서 빚은 막걸리도 수백 통을 가져와 여수 전라좌수영의 밤을 뿌듯한 자부심으로 물들였다. 보름달도 환한 얼굴로 전라수군과 함께 승첩을 기념했다.

아침에 일어나니 그의 몸 컨디션은 아주 좋지 않았다. 의사 정종이 아직 술을 먹어서는 안 된다고 경고해 왔지만 다 지킬 수 없었다. 왼쪽 어깻죽지에 입은 총상에서 석 달이 지났건만 아직도 고름이 그치지 않고 있다. 어쩔 수 없었다. 사천에서 총상을 입고도 다음 날 당포, 당항포, 율포에서 연이어 싸웠다. 한 달도 안 되어 한산(견내량) 안골포서 대적을 만나 또 싸워야 했다. 쉴 수 있는 날이 없었다. 쉴 수가 없었다. 임금은 제 살려고 북으로 도망가고 백성들은 적을 피해 산골로 피란 가고 사직과 백성을 지켜야 할 육지와 바다의 여러 장수와 병정들이 각자 제 살길을 찾아 흩어져 버렸으니, 그가 어찌 하룬들 편안히 쉴 수가 있었겠는가.

한산승첩을 거두곤 좀 쉬어도 되련만 기어이 적의 수군으로부터는 완전 항복을 받아내어 바다만이라도 완전히 우리 바다로 만들겠다고 20여 일 특별훈련을 하고 400리 바닷길을 저어 가 열흘 이상을 죽을힘을 다해 싸웠지 않았는가? 비록 그동안 활을 당길 수는 없었지만 그는 가슴에 붕대를 감고 그 위에 갑옷을 입고 여름 내내 상처를 감추며 싸워야 했다. 의사 정종은 술을 마시면 빨리 낫지 않는다고 그에게 수차 경고했지만, 그는 군의 사기를 위해서 마치 다 나은 듯이 모든 일에 흐트러짐이 없게 행동했다. 술의 양을 좀 줄이긴 했지만 술을 마시지 못한다는 말이 군중에 떠돌아선 안 되었다. 그는 스스로 다짐했다.

'내가 초인적 모습을 보여야 우리 좌수군이 초인적 군대가 된다.'

어쩔 수 없었다. 군사들의 사기를 돋워 나가기 위해서는 상처가 더디 낫더라도 그는 술을 마시지 않을 수 없었다. 그는 잠시 생각에 잠겼다.

'이제 겨울이 오면 3달 가량은 전투가 없을 것이다. 찬 바람 부는 겨울 바다에서의 전투는 쌍방이 싫어한다. 우리도 임진년 내내 싸웠으니 몇 달간이라도 쉬어야 하고 따뜻한 곳에서 살던 왜적들도 겨울 전투만은 피하려 할 것이니 겨울에는 전투가 없을 것이다. 전투가 없는 겨울 동안 몸을 치료하며 군비도 확충해 나간다면 내년 봄에는 이미 장악한 제해권으로 잔적을 쉽게 물리칠 수도 있을 것이다.'

생각이 여기에 이르자 그의 우울했던 기분은 한결 상쾌해졌다. 문득 어머니가 그리웠고 아내가 보고 싶었다. 적의 육군이 곧 충청도 전역으로 갈 것인데 어머니가 사는 아산도 편안한 곳이 아니었다. 걱정이 되자 그는 어머니와 아내에게 편지를 썼다. 조만간에 가족을 이곳 좌수영 쪽으로 모셔 오고 싶다고 했다. 편지를 써서 나장에게 부치며 아들 회와 조카 완도 함께 고향에 다녀오게 했다.

열흘 후 어머니와 아내의 답장이 왔다. 어머니는 여수에 집 한채를 마련하라 하셨다. 팔십이 다 된 어머니가 나를 지켜주시려 여수로 오신단다. 아내도 온다 한다. 내년에는 전투를 해도 편할 것 같은 예감이 들었다. 이때 군관이 왔다.

"내일 이대원 장군 사당에서 정운 장군을 합사하는 제식이 있

는데 사당 건물도 완공되어 쌍충사라 이름 짓고 건물의 낙성식도
함께 거행합니다."

　"본영 장수들과 녹도 병사들을 예의를 다해 참석하도록 하라.
나도 의관을 정제하여 참석할 것이니라."

정운 장군에 대한 애도

그는 다음 날 아침 장수들과 배를 타고 쌍충사로 향했다. 11월
도 다 가고 바닷바람은 차가웠다. 부산승첩 이후론 사흘마다 내려
오던 적을 치라는 조정의 명령도 내려오지 않았고 왜적들도 모두
숨어 버렸는지 준동하지 않았다. 태풍 속의 정적이랄까. 어쨌든 좀
쉴 수 있으니 괜찮았다. 천천히 배를 타고 쌍충사에 이르렀다. 왼
편에 이대원 장군 위패가 놓였고 오른쪽에 새로 만든 정운 장군의
위패가 서 있었다. 정운 장군의 위패 앞으로 다가간 그는 분향하고
재배했다. 그리고 준비해 온 제문을 읽었다.

"어허, 인생이란 반드시 죽음이 있고
죽고 삶에는 반드시 천명이 있나니
사람으로서 한번 죽는 것은 진실로 아까울 게 없건마는

오직 그대 죽음에는 마음 아픈 까닭이 있다.

나라가 불행하여 섬오랑캐 쳐들어와

영남의 여러 성이 바람 앞에 무너지자

몰아치는 그들 앞에 어디고 거침없어

우리 서울 하루 저녁 적의 소굴 이루도다.

천리 관서로 님의 수레 옮기시고

북쪽 하늘 바라보면 간담이 찢기건만

슬프다 둔한 재주 적을 칠 길 없을 적에

그대 함께 의논하자 해를 보듯 밝았도다.

계획을 세우고서 배를 이어 나갈 적에

죽음을 무릅쓰고 앞장서 나갔더니

왜적들 수백 명이 한꺼번에 피 흘리며

검은 연기 근심 구름 동쪽 하늘 덮었도다.

네 번이나 이긴 싸움 그 누구 공로런고

종사를 회복함도 기약할 만하옵더니

어찌 뜻했으랴 하늘이 돕지 않아 적탄에 맞을 줄을

저 푸른 하늘이여 알지 못할 일이로다.

돌아올 제 다시 싸워 원수 갚자 맹세터니

날은 어둡고 바람조차 고르잖아 소원을 못 이루매

평생에 통분함이 이 위에 더할쏘냐.

여기까지 쓰고 나도 살을 에듯 아프구나.

믿는 이 그대인데 이제는 어이할꼬.

진중의 모든 장수 원통히도 여기거니와
그 재주 다 못 폈고 덕은 높되 지위 낮고
나라는 불행하고 군사 백성 복이 없네.
그대 같은 충의는 고금에 드물거니
나라 위해 던진 그 몸 죽어도 살았도다.
슬프다 이 세상에 누가 내 속을 알아주리.
극진한 정성으로 한 잔 술을 바치노라.
어허! 슬프도다."

터져 나오는 울음과 설움을 참자니 문득 목 안에서 개구리 울음소리가 들렸다.

"정운 장군! 장군의 죽음으로 바다를 얻었소. 사직도 걱정 말고 백성도 걱정 말고 이제 편히 쉬시오. 내 기필코 당신이 준 조선의 바다를 잃지 않을 것이오!"

좌수영으로 돌아오는 길에는 찬 바람만 휑하니 일었다.　끝.

훗날의 이야기

이순신은 옥포, 당포, 한산, 부산승첩을 통해 제해권을 확고히 장악한 뒤 임진년 겨울을 보낸다. 적은 이순신의 전라수군에 의해 수륙병진 하려던 기본 전략을 폐기할 수밖에 없었기 때문에 조선의 각종 보물과 하삼도(下三島)만이라도 취해 보자고 명과의 강화 협상에 매달리면서 한편으론 반파된 수군을 800여 척의 막강한 수준으로 보강해 거제와 웅포를 잇는 방어선을 구축한다.

이순신은 육군과의 합력이 되지 않는 이상 조선수군의 힘만으로는 부산으로 다시 나가는 것은 불가능하다고 판단하고 '임진년 4대첩으로 얻은 제해권을 유지해 견내량이라는 요충지를 지켜냄으로써 적이 남해의 서쪽으로 진출하는 것을 봉쇄'하려고 했다.

이순신의 이 전략은 주효하여 일찍 상륙했던 적은 차츰 남쪽으로 내려와 왜성을 구축하고 강화 협상을 기다리며 장기 주둔에 들어 갔지만 감히 바다로 나오는 것은 꿈도 꾸지 못했다. 이순신은 임진년 다음 해 3월에 우리 백성들을 괴롭히는 적을 찾아 웅포로 나와 여러 차례 적을 치며(적은 여전히 육지에 소굴을 만들어 바다로 나오지 않으므로 해전이 벌어지지는 않았다.) 수개월을 바다에서 생활했다. 그러다 그해 8월 여수 본진을 견내량을 지키기에 가장 적합한 섬 한산도로 이진한다. 다음 달에는 삼도수군통제사가 되어 한산도에 삼도수군이 모인다. 그 후 삼도수군은 육군과 함께 다음 해 장문포를 공격했으나 싸우지 않고 소굴을 파서 지키기만 하는 왜적을 더 이상 무찌르지 못하고 무위에 그쳤다. 적은 육지에 근거해 바다로 나오지 않고 물러가지도 아니하니 그 후론 쌍방이 전투 없이 강화 협상만 바라보며 지내야 했는데, 마침내 5년간 끌어온 강화 협상이 결렬되자 도요토미 히데요시는 정유재란을 일으키기에 이르렀다.

한산도로 온 지 3년 8개월 만에 정유재란 발발과 동시에 국내외의 모함과 모략으로 이순신은 투옥되고 원균이 통제사의 자리를 꿰찬다. 1597년 8월 28일(음 7월 16일) 통제사 원균이 이끄는 조선수군은 칠천량에서 적에 의해 궤멸되었다. 거북선도 모두 불타고 판옥전함도 100척 넘게 불타고 원균도 죽고 조선수군 수천 명이 수장되었다. 목숨 걸고 지켜오던 제해권이 적에게 넘어간 것이다.

　　백의종군 중이던 이순신은 다시 통제사가 되어 칠천량에서 도망쳤던 경상수군 배 12척을 찾았으며 그 12척의 배로 그해 10월 26일(음 9월 16일), 승승장구해 오던 왜적의 선봉 선단 133척을 명량 바다에서 완파하고 빼앗겼던 제해권을 2개월 만에 탈환한다.

　　이순신은 목포 고하도를 거쳐 다음 해인 1598년 3월 완도 고금도로 가 수군 재건을 이루고 있었는데 그해 9월 18일(음 8월 18일) 적

의 왕 도요토미 히데요시가 죽는다. 일본 국내 일이 더 급해진 왜
군들은 본국의 철수 명령에 따라 철수하려 했다. 이순신은 7년간
만행을 저지른 적의 배를 단 한 척도 그냥 보낼 수 없다며 정의의
칼로서 적들을 응징코자 했다.

　1598년 12월 16일(음 11월 19일) 새벽! 관음포에서 퇴각하는 적
을 통쾌하게 깨부순 이순신은 노량 바다에서 전사했다. 그 후, 이순
신에 쫓겨간 적들은 300년 동안 다시는 조선을 넘보지 못했다.

이야기 **부산대첩**

초판 1쇄 인쇄	2025년 2월 15일
초판 1쇄 발행	2025년 2월 28일
지은이	김종대
펴낸이	신민식
펴낸곳	가디언
출판등록	제2010-000113호
주소	서울시 마포구 토정로 222 한국출판콘텐츠센터 419호
전화	02-332-4103
팩스	02-332-4111
이메일	gadian@gadianbooks.com
CD	김혜수
마케팅	남유미
디자인	미래출판기획
종이	월드페이퍼(주)
인쇄 제본	(주)상지사P&B
ISBN	979-11-6778-147-5 (03910)

* 책값은 뒤표지에 적혀 있습니다.
* 잘못 만들어진 책은 구입하신 서점에서 바꾸어 드립니다.
* 이 책의 전부 또는 일부 내용을 재사용하려면 사전에 가디언의 동의를 받아야 합니다.